TAPAS
favoritas

Santa Maria # 65
• Chips de yuca
• Anchoas con pan con tomate
• Ensalada de castañas y calabaza y queso feta
• Empanadillas de setas y pato confitado
• Sushi de verduras con tortilla japonesa
• Maki de aguacate y pepino
• Sushi variado
• Alcachofas "bató" a la plancha
• Tortitas fritadas con berenjenas
• Sintido de quesos
= Postres =
• Piña colada con chupa-chups
• Helado de caki, plumb-cake y toffe
• Manzana reineta con bizcocho de frutos secos y helado de chocolate
• Trufas de chocolate

Fiona Dunlop

TAPAS favoritas

Die 101 besten Rezepte aus Spaniens Tapas-Bars

Fotos Jan Baldwin

CHRISTIAN VERLAG

Für Oskar und Archie, die mir sehr geholfen haben

Aus dem Englischen übersetzt von Natascha Afanassjew
Redaktion: Inken Kloppenburg Verlags-Service, München
Korrektur: Dr. Michael Schenkel
Umschlaggestaltung: Caroline Georgiadis, Daphne Design
Satz: Maria Haas-Lehner

www.christian-verlag.de

Die Originalausgabe mit dem Titel *New Tapas* wurde erstmals 2002 im Verlag Mitchell Beazley, einem Imprint der Octopus Publishing Group Ltd., London, veröffentlicht.

Fotografie: Jan Baldwin
Design: Vanessa Courtier

Druck und Bindung: Toppan Printing
Printed in China

ISBN 3-88472-569-6

INHALT

EINFÜHRUNG

Die letzten zehn Jahre waren ein einziger kulinarischer Siegeszug der spanischen Tapas. Weit über die Grenzen Spaniens hinaus bescheren sie heute all jenen wahre Gaumenfreuden, die zu einem Glas Wein einen stärkenden Imbiss suchen. Doch die echten Tapas gibt es eben nur in Spanien. Kräftige, abwechslungsreiche Aromen, viel extranatives Olivenöl, ganz frische Zutaten und reichlich Innereien, Klippfisch oder roher Schinken sorgen für dieses gastronomische Feuerwerk, das viel gemein hat mit den extremen Emotionen und Rhythmen des Flamenco – der perfekten Ausdrucksform spanischer Lebensart.

Über die Entstehung der Tapas wird viel spekuliert. Der Name geht auf das Wort *tapa* („Deckel") zurück, das von *tapar* („bedecken") abgeleitet ist. Angeblich bezieht es sich auf Käse- oder Schinkenscheiben, mit denen früher in den heißen andalusischen Schenken Gläser voll Sherry abgedeckt wurden, um ihn vor den vielen Insekten zu schützen. Eine andere Theorie geht bis auf das 13. Jahrhundert zurück. Damals beugte sich König Alfonso X. von Kastilien den Anweisungen seines Arztes und verbrachte, um sich von einer Krankheit zu erholen, viele Tage im Bett, trank zur Stärkung etwas Wein und aß dazu kleine Mahlzeiten. Seine Genesung erfolgte ohne jegliche Komplikationen, sodass er bald darauf ein Dekret erließ, in dem er den Tavernenwirten befahl, Wein nur in Verbindung mit einer kleinen Speise auszuschenken. Aber es gibt noch eine weitere, etwas bodenständigere Theorie, die die Tapas mit einem ländlichen Arbeitstag in Verbindung bringt: In einem Klima, das schweres Essen ebenso wie schwere Arbeit mitunter unmöglich machte, stillten Tapas den Hunger und gaben neue Kraft.

Inzwischen sind Tapas untrennbar mit der spanischen Lebensweise verbunden. Sie führten zur Entstehung des *tapeo*, einer Art Kneipentour durch Tapas-Bars: Ist die Hitze des Tages verflogen, bummeln zahllose Familien durch die Straßen, um zu plaudern und irgendwo auf ein Gläschen einzukehren – und natürlich auch für ein oder zwei Tapas. Diese Gewohnheit scheint nicht auszusterben, denn sie wird von allen Generationen gepflegt – von den Großeltern bis zu den Enkeln. Auf dem Boden verstreute Servietten, Zigarettenstummel, Olivenkerne, Muschelschalen und gelegentlich sogar Sardellen sind ein eindeutiger Beweis für diese besonderen Gaumenfreuden.

Hier sitzt man nicht zur festgesetzten Stunde an isolierten Tischen und ist den Launen der Bedienung ausgesetzt. Der *tapeo* ist ein spontanes, geselliges, ganz und gar informelles Ereignis, welches das ganze Jahr hindurch zweimal am Tag stattfindet. Nur die Basken haben sich für eine eigene Variante entschieden, nämlich für die Bezeichnung *poteo*, abgeleitet von *potes* („Kannen" oder „Krüge"), aus denen man einst Wein oder Cidre trank.

Früher wurde in jeder Bar traditionell nur eine Spezialität zubereitet, und dies führte dazu, dass man verschiedene Bars aufsuchte und das soziale Vergnügen ein wenig ausdehnte. Selten ist jemand beim *tapeo* jedoch wirklich betrunken. Mag es auch angeregt und lautstark zugehen, die kleinen Mahlzeiten helfen gegen ein bisschen zu viel Alkohol. Auch heute noch findet man in kleineren Städten Bars mit nur einer kulinarischen Spezialität, aber meist steht auf den Kreidetafeln eine ganze Liste mit den angebotenen Tapas und *raciones* (größeren Portionen) des Tages. Barhocker sorgen dafür, dass man die immer größer werdenden Tapas ganz gemütlich im Sitzen mit Messer und Gabel essen kann. Eine Ausnahme bildet hier wiederum nur das Baskenland, wo Tapas heute durch *pintxos* (oder *pinchos*) ersetzt werden – Finger-Food, die an französische Kanapees erinnern, vielfältig und dekorativ sind.

All dies ist Teil der Post-Franco-Gesellschaft, die ein immer stärkeres Bewusstsein für die elegante *nueva cocina* („neue Küche") entwickelt und die Küchenchefs zu immer einfallsreicheren Kreationen anspornt. Für die ersten kulinarischen Anregungen hatte Frankreich auf dem Weg über das Baskenland gesorgt, doch inzwischen hat der neue Geist längst die regionalen Küchen erobert – von Sevilla bis Barcelona, von Madrid bis Salamanca. Die meisten Rezepte in diesem Buch entstammen der neuen spanischen Küche, wurden von Küchenchefs kreiert, die neue Wege beschreiten wollen. Aber es gibt natürlich auch die klassischen Tapas, deren kräftige Aromen auf unvergleichliche Weise Spanien mit seinen unterschiedlichen regionalen Produkten, seinen Landschaften und seiner Geschichte widerspiegeln.

An erster Stelle stehen bei der Zubereitung stets die regionalen Produkte. Das „ländlich-folkloristische Revival" (ein Ausdruck, der 1992 vom Anthropologen T. Seppilli geprägt wurde) ist nicht zu stoppen und bringt besondere regionale Delikatessen hervor (von Blutwurst, Hülsenfrüchten oder Bio-Räucherschinken bis zu Schnecken oder Wachteln), die vielleicht nur in einem ganz bestimmten Tal oder Dorf produziert werden. Dies fördert den Sinn für Qualität, wenn auch mit einer Ausnahme: der allgegenwärtigen *ensaladilla* („kleinem Salat"), einer geradezu unverwüstlichen Tapa aus Dosengemüse in Mayonnaise. Allerdings ist Mayonnaise ein häufiger Bestandteil von Tapas, ob einfach aus dem Glas verwendet oder mit Knoblauch zu *alioli* verfeinert.

Die gastronomische Euphorie der letzten zwei Jahrzehnte geht Hand in Hand mit Spaniens neuem Wohlstand und seinem neuen Bewusstsein für „die Welt da draußen". Dadurch wurde den Spaniern aber auch die eigene kulturelle Identität wieder stärker bewusst. Der Regionalismus steht im Vordergrund, und immer häufiger begegnet man DOC-Etiketten *(Denominación de Origen Controllado)*, einer Art Gütesiegel für kontrollierte Qualität. Früher diente die Bezeichnung *Denominación de Origen* (DO) ausschließlich für Spaniens Weine und in Verbin-

„Auf dem Boden verstreute Servietten, Zigarettenstummel, Olivenkerne, Muschelschalen und gelegentlich sogar Sardellen sind ein eindeutiger Beweis für diese besonderen Gaumenfreuden. Hier sitzt man nicht zur festgesetzten Stunde an isolierten Tischen und ist den Launen der Bedienung auf Gedeih und Verderb ausgesetzt."

dung mit *Calificada* (DOCa) für Rioja, doch inzwischen wird das Qualitätssiegel auch für Lebensmittel wie weiße Bohnen oder Schweinefleisch verwendet. Weit gereiste Küchenchefs warten heute aber auch mit kulinarischen Kreationen auf, die ohne die international beeinflusste Geschichte Spaniens nicht möglich gewesen wären. Zum Beispiel werden unterschiedlichste arabische Aromen, die einst durch die Mauren nach Spanien gelangten, neu kombiniert, und auch die römische Kunst der Fischkonservierung erlebt eine Art Renaissance. Ein Großteil der spanischen Küche wird zudem immer noch von Produkten aus der Neuen Welt bestimmt: Kartoffeln, Tomaten, Dicke Bohnen und Chilis. Und bedenkt man den Einfluss der Phönizier, Griechen und Juden, wird schnell klar, dass der Genuss von Tapas ein geradezu internationaler Gaumenschmaus ist.

Bei der Auswahl der Tapas-Bars für dieses Buch habe ich mich vorrangig für Küchenchefs entschieden, die meist überall erhältliche Zutaten verwenden. Das bedeutet jedoch nicht, dass man in Galicien, Asturien, Kantabrien, Extremadura oder auf den Inseln nicht auch vorzügliche Tapas finden kann. In diesen Gegenden werden jedoch vorwiegend regionale Produkte verwendet, die außerhalb der Region kaum erhältlich sind.

Wer sind nun diese neuen Tapas-Chefs? Die meisten bleiben ihren Heimatregionen treu, selbst wenn sie eine Zeit lang in Madrid arbeiten. Neben ihrer professionellen Ausbildung haben einige mit berühmten Spitzenköchen gearbeitet, und andere sind enthusiastische, erfolgreiche Autodidakten. So manches wird immer noch „nach Großmutterart" zubereitet, um sicherzustellen, dass altbewährte Methoden nicht verloren gehen.

Für die gekonnte Zubereitung von Tapas sind drei Dinge unerlässlich: Respekt vor der Qualität der Zutaten, Leidenschaft für die Kunst des Kochens und der Wunsch, die Gäste zufrieden zu stellen. Prominente Tapas-Chefs sind eher rar gesät (Katalonien und das Baskenland bilden nochmals eine Ausnahme, da hier viel unternehmerisches Geschick präsent ist), und dafür mag zum Teil das *Manaña*-Motto verantwortlich sein: Lebe für den Augenblick, denn wer weiß, was morgen sein wird.

Die neuere Entwicklung der spanischen Küche bedeutet einen wachsenden Export spanischer Produkte und guter Weine: *chorizo*, *jamón serrano* (geräucherter Schinken), extranatives Olivenöl, Sherryessig, *bacalao* (Klippfisch) und *boquerónes* (eingelegte Sardellen) bekommt man inzwischen fast überall. Im Gegenzug haben sich die Spanier manche fremde Spezialität zu Eigen gemacht (etwa Räucherlachs, Seehasenrogen, Roquefort oder Frischkäse). Gelegentlich lassen sie sich sogar durch japanische Sushi zu Tapas-Kreationen anregen.

Doch auch vor Spanien macht die Globalisierung nicht Halt. Darum sollten wir uns auf die neuen Trends einlassen, ohne die Vorzüge der alten Traditionen zu vergessen. Genießen wir den *tapeo* in Spanien und denken gleichzeitig daran, ein paar Tapas nach Hause mitzubringen. Tapas sind nicht nur kleine Gaumenfreuden, sondern mitunter wahre Schätze der berühmten gesunden Mittelmeerküche und ein typischer Ausdruck der spanischen Lebensart: Genieße den Augenblick! Morgen ist ein anderer Tag.

BASKENLAND

María Agustina Ostiz
Baserri

Iñaki Gulin
Álex Montiel
La Cuchara de San Telmo

Josecho Marañón
Mari Carmen Marañón
Manuel Marañón
Bar Txepetxa

Patxi Bergara
Blanca Ameztoy
Bar Bergara

Die als „Bergautobahn" bekannte Landstraße windet sich von Navarra durch die zerklüfteten Pyrenäen und führt schließlich zum Golf von Biscaya hinab. Man fährt durch eine Landschaft mit schroffen Felsen, Pinienwäldern, *caserios* (steinernen Bauernhäusern mit steilen Dächern), Chalets im alpenländischen Stil, grünen Wiesen und den unvermeidlichen Kühen oder Schafen. Doch nur wer Glück hat, bekommt all dies auch zu Gesicht, denn ganz typisch für das baskische Klima ist der *sirimiri*, ein hartnäckiger Nieselregen. Die beschriebene Straße bringt uns in jene Region Spaniens mit den meisten Tapas-Bars. Unser Ziel heißt San Sebastián, ein Ort aus dem 19. Jahrhundert, majestätisch am Golf von Biscaya gelegen, mit einem Fischerhafen und mehreren hundert Bars.

„Unübertroffen sind die traditionellen Fischhäuser, in denen man verschiedenste Fische und Meeresfrüchte genießt: Langusten, winzige Muscheln, Kalmare, Zackenbarsche, Meerbarben, Meeräschen, Drachenköpfe, Sardellen, Thunfisch, Meerbrassen, Seehecht, Seeteufel und viele andere."

Fische und Meeresfrüchte stehen hier an erster Stelle, waren die Basken doch seit jeher die führenden Seefahrer Spaniens. Zu diesen zählten etwa Juan Sebastián Elcano, der erste erfolgreiche Weltumsegler, sowie der berüchtigte Konquistador Lope de Aguirre. Und es verwundert nicht, dass das selbstbewusste Baskenland auch viele führende Chefköche hervorgebracht hat.

Die spanischen Basken besitzen eine eigenständige Kultur mit eigener Sprache und eine große Leidenschaft für das Essen, die sie mit den französischen Basken, nur einen Steinwurf entfernt auf der anderen Seite der Pyrenäen, verbindet. Dieser Teil Frankreichs trug auch viel zum gallischen Einfluss der *nouvelle cuisine* in Spanien bei. So nahm die spanische *nueva cocina* in den späten 1970er-Jahren im Baskenland ihren Anfang – unterstützt von gastronomischen Verbänden oder *txokos*. Dank der Entwicklung alternativer *txokos*, die sich mit Hingabe einem einzigen Produkt widmen, etwa Kartoffeln aus Alava oder schwarzen Kidney-Bohnen aus Tolosa, wird die gastronomische Besessenheit der Region fortbestehen.

Das Baskenland kann sich heute, pro Kopf gerechnet, der weltweit meisten Gourmetrestaurants rühmen. Man denke etwa an Juan Mari Arzak, Pedro Subijana und Martín Berasategui – drei Giganten der baskischen Restaurantkultur, die trotz ihrer klassischen Küche viele Tapas-Chefs in diesem Buch beeinflusst haben. Das Verhältnis der Basken zum Essen hat jedoch zwei Gesichter. Denn obwohl die neuen baskischen Chefköche viele Auszeichnungen bekommen haben, nimmt die Bevölkerung neue Trends nur langsam an – ganz im Gegensatz zu den dynamischen Katalanen. Dies wird besonders im alten Viertel von San Sebastián mit seinen zahllosen Tapas-Bars deutlich, wo man kaum auf innovative Konzepte trifft. Im exklusiveren und moderneren Gros-Viertel findet sich in den *Pintxos*-Häusern (*pintxos* sind baskische Tapas) dagegen so manche Neuerung.

In den letzten Jahren haben die echten baskischen *pintxos* in Verbindung mit der *nueva cocina* eine wahre Renaissance erfahren. Lebt wohl, *tortillas* und *ensaladillas*, denn dies ist Euskadi, das Land der Basken, wo die Sprache mit „k" und „x" gewürzt ist und die Tapas eine gehaltvollere Version der französischen Kanapees darstellen. Kritischen baskischen Geschäftsleuten serviert man in den Bars heute keine hausgemachten Eintöpfe mehr, denn längst sind ihre feinen Gaumen auf marinierte Wachteln mit Petersilienöl oder geräucherten Kabeljau mit Schwarze-Oliven-Öl eingestellt. Die Regeln für die alljährlichen euskadischen *Pintxos*-Wettbewerbe verlangen, dass man einen *pintxo* im Stehen mit zwei Bissen verzehren kann. Teller und Besteck wurden hier weitgehend abgeschafft – baskische Banker haben es eilig.

Die Basken hegen außerdem eine große Vorliebe für Cidre. In San Sebastián werden jedes Jahr 9.000.000 Liter davon getrunken. Beinah ebenso beliebt ist der erfrischende, leicht perlende *txakoli* (Weißwein aus Guetaria oder Vizcaya), mit dem man die riesigen Mengen *pintxos* herunterspült, die in allen Bars serviert werden. Darüber hinaus können sich die Basken eines körperreichen Rotweins rühmen, des Rioja Alavesa, der im Süden von Euskadi an der Grenze zur Provinz La Rioja produziert wird.

Unübertroffen sind die traditionellen Fischhäuser, in denen man verschiedenste Fische und Meeresfrüchte genießt: Langusten, winzige Muscheln, Kalmare, Zackenbarsche, Meerbarben, Meeräschen, Drachenköpfe, Sardellen, Thunfisch, Meerbrassen, Seehecht, Seeteufel und viele andere. Manche Basken behaupten, die Fische, die vor der Küste Kantabriens und des Baskenlandes gefangen werden, besäßen eine unvergleichliche Konsistenz, da sie hier gegen starke Strömungen schwimmen müssten. Natürlich gibt es auch noch den Kabeljau, den baskische Fischer als Erste in der Nordsee fingen. Bald wurde daraus *bacalao* (Klippfisch). Heutzutage schätzt man Klippfisch eher im Inland, während die Basken frischen Fisch bevorzugen, der ja direkt vor ihrer Haustür gefangen wird. Aber klassische Klippfisch-Saucen wie die grüne *Pil-pil* (aus Olivenöl, Knoblauch und Petersilie) sind derart etabliert, dass sie in der *nueva cocina* mit anderen Speisen kombiniert werden.

Frühe baskische Seefahrer brachten außerdem eine Reihe von Gemüsesorten aus der Neuen Welt mit. Paprikaschoten, Kartoffeln, Tomaten und Bohnen stellten sich als die wahren Schätze jener Entdecker heraus, und heute werden sie von den Vororten Bilbaos bis zu den Ufern des Río Ebro angebaut. Navarra besitzt eigene Anbaugebiete an der Grenze zu La Rioja. Wenn die Einwohner von Pamplona, der Hauptstadt der Region, also nicht gerade Stiere jagen, kultivieren sie die Kunst des *Pintxo*-Kostens.

Die Leidenschaft für gutes Essen zeigt sich aber noch in einer weiteren Spezialität – den Pilzen. *Revuelta de zizak* (Rührei mit den ersten Pilzen der Saison) steht in vielen Bars und Restaurants regelmäßig im April auf der Speisekarte, und im Herbst gibt es die wilden *setas*, meist in Olivenöl mit Knoblauch und Petersilie gebraten.

Aus demselben Vorgebirge stammen auch viele Milchprodukte, und Fleisch ist bei den Basken ebenfalls sehr beliebt. Rind, Lamm, Schwein, Wildgeflügel und anderes Geflügel (darunter Drosseln) sind hier von hervorragender Qualität. Die Erfindungsgabe der neuen Chefköche macht das Besondere der baskischen Küche aus.

María Agustina Ostiz Baserri, Pamplona

Im Baserri, das in den 1930er- und 40er-Jahren schon als Pamplonas modernste Café-Bar galt, werden heute innovative Pintxos-*Kreationen serviert. Die verwirrende Geometrie des gefliesten Fußbodens und der Bar erinnert immer noch an vergangene Tage, doch in der Küche bestimmt Zurückhaltung die kulinarischen Kreationen. Agustina hat bereits im berühmten Monasterio de Rocamador in Extremadura und im Hotel Castilla Plaza in Madrid gearbeitet sowie in den legendären Juan Mari Arzak und Urel, zwei ebenso geschätzten wie viel besuchten Restaurants in San Sebastián. Ihren Gästen bietet sie typische Geschmackserlebnisse des Baskenlandes. „In Navarra haben* pintxos *eine lange Tradition, es gibt eine ausgeprägte gastronomische Kultur", erklärt Agustina. „Darum muss alles, was ich mache, von bester Qualität sein. Sind die Zutaten auch einfach, die visuelle Wirkung regt den Appetit an. Das liegt am starken französischen Einfluss in Navarra." Agustina scheut die Erneuerung jedoch nicht. „Manchmal ist es schwierig, die Grenzen der Traditionen zu durchbrechen – ich muss die Leute dazu bringen, etwas Neues zu probieren", erzählt sie. Neu ist etwa eine Auswahl von Gewürzölen für die* pintxos*. „Letztlich benötigt man viel Zeit, Geduld und Geschmack." Beim jährlichen* Pintxos-*Wettbewerb hat das Baserri schon jede Menge Preise geholt.*

Räucherlachs und Frischkäse auf Tomaten-Confit

Mil hojas de tomate y queso fresco

4 große, reife Tomaten
Olivenöl
10 g Salz
15 g Thymian, fein gehackt
1 EL Zucker
Frisch gemahlener schwarzer Pfeffer
1 Beutel Tintenfischtinte
300 ml Sonnenblumenöl
150 g geräucherter Lachs, in dünne Scheiben geschnitten
200 g queso fresco de burgos *oder Mozzarella, in 8 gleich große Scheiben geschnitten*
4 große oder 8 kleine Sardellen in Essig

Dies ist Agustinas liebster *pintxo*. Als Alternative zur Tintenfischtinte schlägt sie eine Vinaigrette aus Gewürzgurken vor. Dafür werden die Gurken sehr fein gehackt und dann ebenso wie die Tinte mit dem Sonnenblumenöl verwendet (siehe Rezept).

1 Das Tomaten-Confit mindestens 2 Stunden vor dem Servieren zubereiten. Dafür die Tomaten 30 Sekunden in kochendem Wasser blanchieren. Herausnehmen, enthäuten, halbieren, vom Stielansatz befreien und aushöhlen.

2 Die Tomatenhälften nochmals halbieren und die Stücke auf ein Backblech legen. Mit Olivenöl beträufeln, mit Salz, Thymian, Zucker und Pfeffer bestreuen und 10 Minuten im Ofen bei 180 °C (Umluft 160 °C) backen. Aus dem Ofen nehmen und abkühlen lassen.

3 Den Tintenbeutel aufstechen, die Tinte in einem Topf auffangen. Mit dem Sonnenblumenöl vermischen und leicht erhitzen, aber nicht kochen. Vom Herd nehmen und vollständig abkühlen lassen.

4 Kurz vor dem Servieren die *pintxos* auf einer Platte anrichten. Dafür je 1 Stück Tomate, 1 Scheibe Lachs, 1 Scheibe Käse, 1 kleine oder ½ große Sardelle und noch 1 Stück Tomate übereinander schichten. Die Tinten-Öl-Mischung großzügig darüber träufeln.

Ergibt 8 Tapas

Toast mit geräuchertem Kabeljau, Tomaten-Vinaigrette und Schwarze-Oliven-Öl (siehe Seite 18)

Toast mit Sardellen-Lachs-Röllchen und roter Paprikaschote

Pintxo de la foto

4 frische Sardellen, in Essig mariniert
100 g geräucherter Lachs, in 4 Scheiben geschnitten und jeweils quer eingerollt
1 rote Piquillo-Paprikaschote aus der Dose, abgegossen und geviertelt
4 kleine Scheiben rundes Vollkorn-Toastbrot, geröstet

Für die Vinaigrette

1 Frühlingszwiebel, fein gehackt
2 frische rote Piquillo-Paprikaschoten oder 1 gewöhnliche rote Paprikaschote, von Stielansatz, Samen und Scheidewänden befreit und fein gehackt
1 Ei, hart gekocht und fein gehackt
½ frische grüne Paprikaschote, vorbereitet wie oben
200 ml natives Olivenöl extra
5 EL Weißweinessig

Dieser *pintxo* wurde ursprünglich für eine Fotoaufnahme erfunden – daher auch der Name *Pintxo de la foto*. Es ging darum, eine wunderbar aussehende Speise zu kreieren, aber das Ergebnis schmeckte so gut, dass es seither auf der Speisekarte des Baserri steht. Agustina betont vor allem, dass die gute Qualität des Brotes für diese Spezialität besonders wichtig ist.

1 Alle Zutaten für die Vinaigrette in einer Schüssel vermischen und beiseite stellen.

2 Für die *pintxos* die Sardellen mit der Haut nach unten auf ein Brett legen und je 1 Lachsröllchen in die Mitte setzen. Die Enden der Sardellen jeweils über die Lachsröllchen klappen. Mit je 1 Stück *Piquillo*-Paprika bedecken.

3 Je 1 Sardellen-Lachs-Röllchen auf die gerösteten Brotscheiben setzen und großzügig mit Vinaigrette beträufeln.

Ergibt 4 Tapas

„In Navarra haben pintxos *eine lange Tradition, es gibt eine ausgeprägte gastronomische Kultur", erklärt Agustina. „Darum muss alles, was ich mache, von bester Qualität sein."*

Toast mit geräuchertem Kabeljau, Tomaten-Vinaigrette und Schwarze-Oliven-Öl

Bacalao ahumado y vinagreta de tomate con aceite de aceituna negra

8 kleine Scheiben rundes Vollkorn-Toastbrot, geröstet
100 g geräucherter Kabeljau, in dünne Scheiben geschnitten
2 EL klein geschnittener Schnittlauch oder gehackte Petersilie

Für die Vinaigrette
1 große, reife Tomate, enthäutet, von Stielansatz und Samen befreit und fein gehackt
5 EL natives Olivenöl extra
1½ EL Weißweinessig
Salz
Frisch gemahlener schwarzer Pfeffer

Für das Schwarze-Oliven-Öl
45 g schwarze Oliven, entsteint und fein gehackt
100 ml natives Olivenöl extra

Bei dieser preisgekrönten *Pintxo*-Spezialität von Agustina ergeben der eher scharfe geräucherte Kabeljau und das erdige Schwarze-Oliven-Öl eine wunderbar ausgewogene Geschmackskombination. Statt der Oliven kann man aber auch einen Esslöffel französische Tapenade verwenden. Unverzichtbar ist jedoch gutes Vollkorn-Toastbrot.

1 Für die Vinaigrette in einer Schüssel Tomate, Olivenöl und Weißweinessig vermischen und mit Salz und Pfeffer abschmecken.

2 Die schwarzen Oliven mit dem Öl in eine Schüssel füllen und gründlich vermischen.

3 Erst kurz vor dem Servieren die 8 Brotscheiben auf eine Servierplatte legen und mit je 1 Teelöffel Schwarze-Oliven-Öl gleichmäßig beträufeln.

4 Je 1 Scheibe geräucherten Kabeljau auf die Brote legen, je 1 gehäuften Esslöffel Vinaigrette darauf geben und noch etwas Schwarze-Oliven-Öl darüber träufeln. Mit Schnittlauch oder Petersilie garnieren.

Ergibt 8 Tapas

Ausgebackene Zucchiniröllchen mit Garnelen und Schinkenspeck

Rollito de calabacín con gamba y bacon

1 großer Zucchino
4 dünne Streifen magerer Schinkenspeck
4 Garnelen, gegart und ausgelöst
Salz
Frisch gemahlener schwarzer Pfeffer
1 Ei, verquirlt
Mehl
Olivenöl zum Ausbacken
4 Scheiben Sesamtoast oder Cracker

Die Zubereitung dieses *pintxo* ist etwas komplizierter. Doch wer den Dreh erst einmal heraushat, bereitet diese Tapas immer wieder zu.

1 Den Zucchino längs halbieren und eine Hälfte wiederum längs in 4 Scheiben von 3 Millimeter Dicke schneiden.

2 Je 1 Speckstreifen auf die Zucchinischeiben legen und auf das Ende je 1 Garnele quer auflegen. Mit Salz und Pfeffer würzen.

3 Die Garnelen vorsichtig einrollen, sodass sie in der Mitte verbleiben. Mit einem Cocktailspieß fixieren.

4 Die Zucchiniröllchen zuerst in das Ei tauchen und dann im Mehl wälzen. Das Olivenöl etwa 3 Zentimeter hoch in eine Pfanne füllen, heiß werden lassen und die Röllchen darin goldbraun ausbacken. Herausnehmen und auf Küchenpapier abtropfen lassen.

5 Auf Sesamtoast oder Crackern anrichten und sofort servieren.

Ergibt 4 Tapas

Iñaki Gulin, Álex Montiel La Cuchara de San Telmo, San Sebastián

Gut versteckt im Schatten von San Telmo befindet sich in der engsten Straße in San Sebastián ein Rock-'n'-Roll-Altar der baskischen nueva cocina *– La Cuchara de San Telmo. Durch das Flackern der Gasflammen und die dichten Küchendämpfe kann man Iñaki Gulin und Álex Montiel nur undeutlich bei ihrer anstrengenden Arbeit beobachten. Die beiden jungen Küchenchefs verbinden kulinarische Traditionen aus ihrer Heimat, dem Baskenland und Katalonien, mit Erfahrung und Können sowie einer kräftigen Prise Fantasie. Fragt man sie, woher ihre Ideen stammen, zitieren sie ihre Mütter Celia und María Carmen, beide professionelle Köchinnen. „Köche sind die Seele eines Hauses", erklärt Iñaki, „man muss einfach ihrem Beispiel folgen und mit Hoffnung und Liebe kochen."*

Iñaki und Álex wollten Speisen von Restaurantqualität kreieren, die man an der Bar essen konnte – im Stehen und für wenig Geld. Das Ergebnis sind höchst innovative, oft sehr kunstvolle Tapas. „Alle zwei bis drei Monate ändern wir die Speisekarte, aber wir können nicht alles verändern, wir müssen auch an unsere traditionelleren Kunden denken", erklärt Iñaki. „Wir nehmen etwa ein klassisches Gericht und präsentieren es auf moderne Art oder fügen ein paar neue Zutaten hinzu. Doch im Grunde müssen die Leute dir vertrauen und auch mit geschlossenen Augen essen können."

Marinierte Wachteln mit Apfelpüree und Petersilienöl

Cordoniz en escabeche de Modena

3 säuerliche Äpfel, etwa Granny Smith
4 Wachteln, küchenfertig vorbereitet, halbiert und flach gedrückt
Salz
Frisch gemahlener schwarzer Pfeffer
Olivenöl zum Braten
6 EL Sonnenblumenöl, zusätzlich 1 EL zum Braten
2 ½ EL Balsamessig, zusätzlich etwas Balsamessig zum Beträufeln
2 mittelgroße Zucchini, in dünne Scheiben geschnitten
50 ml Rinderbrühe
100 ml Petersilienöl

Für das Petersilienöl
2 Knoblauchzehen
1 kleines Bund frische glatte Petersilie, nur die Blätter
100 g Walnüsse, geschält
200 ml Sonnenblumenöl
Salz

Dieses Gericht mit reichhaltig bedeckten Wachteln auf einem Bett aus säuerlichem Apfelpüree ist wunderbar saftig. Für das Petersilienöl wurde hier eine größere Menge angegeben als benötigt. Doch sehr kleine Portionen lassen sich nur schwer zubereiten. Der Rest eignet sich gut für andere Tapas oder *pintxos*.

1 Für das Petersilienöl Knoblauch, Petersilie und Nüsse im Mixer oder in der Küchenmaschine pürieren. Bei laufendem Gerät das Öl in dünnem Strahl zulaufen lassen. Mit Salz abschmecken, beiseite stellen.

2 Die Äpfel für das Püree waschen, vierteln und vom Kerngehäuse befreien. In einem Topf knapp zur Hälfte mit Wasser bedecken und etwa 30 Minuten köcheln lassen, bis die Äpfel weich sind. Im Mixer mit der Schale pürieren.

3 Die Wachteln 1 Stunde vor dem Servieren mit Salz und Pfeffer würzen und im Olivenöl von beiden Seiten in je 2 Minuten goldbraun anbraten. Das Sonnenblumenöl und den Essig in einem kleinen Topf erhitzen. Wachteln hineingeben und zugedeckt in 20 Minuten schwach garen. Ab und zu wenden.

4 Inzwischen die Zucchini in 1 Esslöffel heißem Sonnenblumenöl von beiden Seiten kurz braten. Sobald sie weich sind, mit Essig beträufeln und die Flüssigkeit einkochen lassen. Beiseite stellen.

5 Etwas Apfelpüree auf 8 Teller verteilen. Je ½ Wachtel darauf anrichten und mit einigen Zucchinischeiben belegen. Etwas Rinderbrühe und Bratflüssigkeit von den Wachteln darüber träufeln. Zuletzt mit ein wenig Petersilienöl beträufeln.

Ergibt 8 Tapas

Mit Thunfischpüree gefüllte Tomaten
Tomate relleno de ventresca de bonito

150 g frischer Thunfisch, in etwas Öl leicht gedünstet, ersatzweise Thunfisch aus der Dose
2 ½ EL Petersilienöl (siehe Seite 21)
4 große, feste Tomaten
4 EL Sonnenblumenöl
1 ½ EL Balsamessig

Für die Tomatensauce
1 Dose (400 g) geschälte Tomaten
½ Zwiebel, fein gehackt
1 Stange Bleichsellerie, fein gehackt
3 Knoblauchzehen, in Scheiben
1 EL Tomatenmark
3 EL Olivenöl
½ EL Zucker

Für die alioli
1 Knoblauchzehe, zerdrückt
1 Ei
100 ml Sonnenblumenöl
Frisch gepresster Zitronensaft
Salz und schwarzer Pfeffer
Etwas Milch

Eine Kombination unterschiedlicher Aromen – kräftiger Thunfisch, frische Tomaten, würziger Knoblauch und zur Abrundung Petersilienöl. Zum Verzehr sollten die Tomaten Raumtemperatur haben. Im Rezept ist mehr Tomatensauce angegeben als benötigt wird, aber man kann sie gut im Kühlschrank aufbewahren.

1 Die Zutaten für die Tomatensauce in einem Topf zum Kochen bringen. Eine halbe Stunde dickflüssig einkochen lassen, eventuell nachwürzen. Die Sauce pürieren.

2 Für die *alioli* Knoblauch und Ei im Mixer pürieren. Nach und nach langsam das Sonnenblumenöl dazulaufen lassen, bis eine dicke, cremige Masse entstanden ist. Mit Zitronensaft, Salz und Pfeffer abschmecken.

3 Etwa 1 Stunde vor dem Servieren für die Füllung den Thunfisch, 2 ½ Esslöffel Tomatensauce, 2 Esslöffel *alioli*, 1 ½ Esslöffel Petersilienöl, Salz und schwarzen Pfeffer in den Mixer geben. Cremig pürieren, beiseite stellen.

4 Etwa ½ Stunde vor dem Servieren die Tomaten blanchieren, enthäuten, halbieren und vom Stielansatz befreien. Mit einem Löffel aushöhlen. Die Hälften jeweils mit etwas Thunfischmasse füllen und mit der Füllung nach unten auf eine Servierplatte setzen.

5 Für die Vinaigrette das Sonnenblumenöl und den Balsamessig mit Salz und Pfeffer verrühren. Die Tomaten erst mit dem übrigen Petersilienöl, dann mit Vinaigrette beträufeln. Die restliche *alioli* mit Milch verdünnen und in dünnem Strahl über das Gericht gießen.

Ergibt 4 Tapas

Pikante Mille-feuilles
El Cremat

6 Zwiebeln, fein gehackt
6 EL Olivenöl zum Braten
6 Scheiben Schinkenspeck, in kleine Stücke geschnitten und gebraten
100 ml Sahne
Salz
Frisch gemahlener schwarzer Pfeffer
2 grüne Äpfel, geschält, entkernt, in dünne Scheiben geschnitten und mit Zitronensaft beträufelt
200 g Entenpastete (Pâté de canard)
100 g geräucherter Aal, in dünne Streifen geschnitten
Zucker zum Karamellisieren

Diesem außergewöhnlichen Gericht liegt sozusagen ein Mantra zugrunde (siehe Anordnung der Schichten), das man nach der Zubereitung der Tapa vielleicht sogar im Schlaf singen kann. Ein kulinarisches Kunstwerk der *nueva cocina*.

1 Die Zwiebeln mindestens 8 Stunden vor dem Servieren im Öl anbraten, aber nicht bräunen. Zugedeckt etwa 1 ½ Stunden bei schwächster Hitze dünsten, bis sie weich und karamellisiert sind. Damit die Zwiebeln nicht am Boden haften, ab und zu ½ Esslöffel Wasser dazugießen. Überschüssiges Öl abgießen, den Schinkenspeck und die Sahne hinzufügen und einkochen lassen. Mit Salz und Pfeffer würzen. Vom Herd nehmen und abkühlen lassen.

2 Die Zutaten in dünnen Lagen in eine flache Auflaufform schichten: Äpfel, Pastete, Äpfel, Pastete, Äpfel, Zwiebeln, Äpfel, Aal, Äpfel, Zwiebeln, Äpfel, Pastete, Äpfel, Pastete, Äpfel. Jede Schicht fest andrücken. Für 6 Stunden kalt stellen.

3 Stürzen, in Quadrate schneiden, mit Zucker bestreuen und unter dem Grill kurz karamellisieren.

Ergibt 6 Tapas

"LA VIEIRA"
MOSQUERA
S.A.

FOIE SALTEADO CON OREJONES
BACALAO AL PIL-PIL DE PEREJIL
RAVIOLI DE BACON Y ESPINACA
BERTSOLI DE ANTXOA
CODORNIZ ESCABECHADA
TOSTA DE CALLOS AL ALL I OLI
CANELON CREMOSO DE MORCILLA
TXIPIRON RELLENO DE CEBOLLETA
CREMA FRIA DE BACALAO CON TOMATE
MAGRET ASADO CON MANZANA
RISOTTO DE MORCILLA
MORROS ASADOS CON VINAGRETA
TOMATE RELLENO DE MENDRESKA
CARRILLERA GUISADA AL VINO TINTO
ENTRECOT DE BUEY (RACION)
TXOKOLATE CON NARANJA CONFITADA
SOPA DE YOGUR CON MANZANA
GORDON'S
LONDON DRY GIN

Josecho Marañón
Mari Carmen Marañón
Manuel Marañón

Bar Txepetxa, San Sebastián

Wer die beladenen Baguettescheiben vieler Pintxos-Bars in San Sebastián ein wenig leid ist, findet in der Bar Txepetxa eine willkommene Abwechslung. Das Herzstück der pintxos *dieses 30 Jahre alten Familienbetriebs bilden saftige, silbrig glänzende Sardellen – nach einem Rezept von Josecho Marañón, von dessen Frau Mari Carmen zubereitet und von Sohn Manuel serviert. Für Manuel gibt es keinen Zweifel: „Unseren Erfolg verdanken wir den Händen meiner Mutter und dem Gaumen meines Vaters."*

Die kleine Bar, voll gehängt mit Fotos sowie den unvermeidlichen gastronomischen Auszeichnungen (einschließlich einer Ehrenurkunde der Sardellen-Bruderschaft San Sebastiáns), quillt stets über vor Gästen, die diese Sardellen mit 15 verschiedenen Beilagen genießen. Ob Kokosnuss, Papaya, Herings- oder Seeigeleier, alles wird mit der Präzision eines Sushi-Meisters zwischen die silbrigen Sardellenfilets gelegt. Ein Grund für die Popularität des Txepetxa ist die Tatsache, dass man hier jeden pintxo *frisch zubereitet. „Ich wollte den Leuten, die aus den Bergen kamen, etwas vom Meer bieten", erklärt Josecho. „Sie müssen das Salzwasser nicht nur sehen, sondern auch schmecken können." Leider hat Josecho uns das Rezept für seine Marinade nicht verraten.*

Sardellen-Gemüse-Toast
Anchoa jardinera

Je 1 kleine grüne und rote Paprikaschote, von Stielansatz, Samen und Scheidewänden befreit und fein gehackt
1 kleine Zwiebel, fein gehackt
2 Knoblauchzehen, fein gehackt
1 frische rote Chilischote, halbiert, von Stielansatz, Samen und Scheidewänden befreit und fein gehackt
1 kleines Bund frische glatte Petersilie, nur die Blätter fein gehackt
3 EL Sonnenblumenöl
8 Sardellenfilets, in Essig mariniert
4 Scheiben Baguette, frisch geröstet

Diese köstlich frische *Pintxo*-Kreation mit ihren leuchtenden Farben und der knackigen Konsistenz verdient auf einer Platte gemischter Sardellen-Toasts einen besonderen Platz.

1 Das gehackte Gemüse und die Petersilie vermischen und ½ Stunde im Sonnenblumenöl marinieren. So wird das Gemüse nicht trocken und bekommt einen schönen Glanz.

2 Für jeden *pintxo* 2 Sardellenfilets auf eine geröstete Baguettescheibe legen. Jeweils etwas Gemüsemischung auf den Sardellen verteilen. Sofort servieren.

Ergibt 4 Tapas

Geröstetes Brot mit Sardellen und Forellenkaviar
Anchoa con huevos de trucha

8 Sardellenfilets, in Essig mariniert
4 Scheiben Baguette, frisch geröstet
4 TL Forellenkaviar

Dieser Klassiker von Josecho Marañón gehört zu den Lieblingsgerichten der Gäste in seiner Bar Txepetxa und lässt sich leicht auch zu Hause zubereiten.

1 Für jeden *pintxo* 2 Sardellenfilets auf eine geröstete Baguettescheibe legen.

2 Je 1 Teelöffel Forellenkaviar längs auf die Mitte der Sardellenfilets verteilen. Sofort servieren.

Ergibt 4 Tapas

Geröstetes Brot mit Sardellen und Räucherlachs

Anchoa salmón ahumado

8 Sardellenfilets, in Essig mariniert
4 Scheiben Baguette, frisch geröstet
2 Scheiben geräucherter Lachs, in Streifen geschnitten

Eine einfache *Pintxo*-Kreation mit außerordentlichem Geschmack. Dafür sollte man nur besten Räucherlachs verwenden.

1 Für jeden *pintxo* 2 Sardellenfilets auf eine frisch geröstete Baguettescheibe legen.

2 Auf den Sardellen jeweils einige Räucherlachsstreifen verteilen. Sofort servieren.

Ergibt 4 Tapas

Sardellen-Krabben-Toast

Lomos de anchoa con crema de centolla

1 gegarte Krabbe, das Fleisch ausgelöst und fein gehackt
2 frische grüne Salatblätter, fein zerpflückt
1 Ei, hart gekocht und gehackt
2 EL Mayonnaise
2 TL frisch gepresster Zitronensaft
8 Sardellenfilets, in Essig mariniert
4 Scheiben Baguette, frisch geröstet

Hier schmeckt man wirklich das Meer heraus! Wer zusätzlich etwas Fleischgeschmack schätzt, kann wie Josecho eine Scheibe gekochten Schinken fein hacken und zu der Krabbenmischung geben.

1 Das Krabbenfleisch mit dem Salat und dem Ei vermischen. Die Mayonnaise und den Zitronensaft gleichmäßig unterrühren.

2 Für jeden *pintxo* 2 Sardellenfilets auf eine geröstete Baguettescheibe legen und mit der Krabbenmischung bedecken. Sofort servieren.

Ergibt 4 Tapas

Sardellen-Tapenade-Toast mit Zwiebeln

Lomos de anchoa con pâté de olivas

1 kleine Zwiebel, fein gehackt
2 EL frisch gepresster Zitronensaft
8 Sardellenfilets, in Essig mariniert
4 Scheiben Baguette, frisch geröstet
3 EL Tapenade (Paste aus Sardellenfilets, Kapern, schwarzen Oliven, Olivenöl, Knoblauch und schwarzem Pfeffer)

Diese *Pintxo*-Spezialität schmeckt herrlich intensiv – eine delikate Vorspeise für Ihre Gäste, die sie nie vergessen werden.

1 Die Zwiebel mindestens 2 Stunden in dem Zitronensaft marinieren.

2 Für jeden *pintxo* 2 Sardellenfilets auf eine geröstete Baguettescheibe legen. Jeweils 2 Teelöffel Tapenade darüber verteilen und mit der gehackten Zwiebel bestreuen. Sofort servieren.

Ergibt 4 Tapas

Patxi Bergara, Blanca Ameztoy Bar Bergara, San Sebastián

Seit Patxi Bergara und seine Frau Blanca Ameztoy das Familienunternehmen vor 15 Jahren übernommen haben, ist das Bergara zu einer der beliebtesten Pintxo-*Bars in San Sebastián geworden und hat zahlreiche Preise für seine gewagten, aber dezenten* Pintxo-*Kreationen und die raffinierte Präsentation gewonnen. Alle Gerichte erfüllen das wichtige* Pintxo-*Kriterium: Man kann sie mit zwei Bissen verzehren.*

In der baskischen Hafenstadt San Sebastián verwundert es nicht, dass man in der Bar vor allem Fisch und Meeresfrüchte bekommt, etwa Riesengarnelen mit Pilzen, bacalao *mit Ratatouille und Kartoffelpüree sowie natürlich viele* pintxos *mit der wichtigsten aller Zutaten, der Sardelle. Ebenso wenig verwundert es, dass die Bar Bergara ausgewählt wurde, San Sebastián im Ausland zu repräsentieren, die Finalisten der Tour de France zu verköstigen oder gar die Stars des alljährlichen Filmfestivals. Hier funktioniert alles mit der Präzision eines Uhrwerks: Patxi schenkt seine vielen Weine aus, und Blanca ist die Küchenchefin.*

Mag die Bar Bergara auch schon seit über 50 Jahren existieren, dank der talentierten und unternehmungslustigen Besitzer wird es sie noch lange geben.

Schweinelenden-Paprika-Toast, mit Käse überbacken
Montadito

4 dünne Scheiben Schweinelende, jeweils etwa 50 g
1 grüne Paprikaschote, geviertelt und von Stielansatz, Samen und Scheidewänden befreit
Olivenöl
Salz
Frisch gemahlener schwarzer Pfeffer
4 Scheiben Baguette, leicht geröstet
4 dünne Scheiben leicht schmelzender Käse, etwa französischer Chaumes, jeweils etwa 30 g

Dieser wunderbar einfach zuzubereitende *pintxo* ist eine herrliche Kombination aus Schweinefleisch, Käse und Brot.

1 Schweinelende und Paprikaviertel mit Olivenöl einpinseln, das Fleisch mit Salz und Pfeffer würzen. Fleisch und Paprika in einer heißen Pfanne braten, bis das Fleisch gar und die Paprikaschote weich ist. Beiseite stellen.

2 Die Baguettescheiben auf ein Backblech legen. Mit je 1 Scheibe Fleisch, 1 Paprikaviertel und 1 Scheibe Käse belegen. Für etwa 30 Sekunden unter den sehr heißen Grill schieben. Herausnehmen und sofort servieren.

Ergibt 4 Tapas

Rührei mit Sardellen und Paprika auf Toast
Revuelto de anchoas con piquillos

100 g frische Sardellen
1 Knoblauchzehe, ganz fein gehackt
Olivenöl zum Braten
1 kleine Dose (etwa 100 g) rote Piquillo-Paprika, abgegossen und in dünne Streifen geschnitten
2 Eier, verquirlt
4 dünne Scheiben Baguette, geröstet
1 kleine grüne Paprikaschote, in dünne Streifen geschnitten und kurz gebraten

Ein märchenhaftes Gericht, doch wer es noch raffinierter mag, verwendet statt Weißbrot kleine Pasteten, die mit der Füllung für mindestens 1 Minute unter den Grill geschoben werden. Statt frischer eignen sich auch in Essig eingelegte Sardellen: abgießen und für einige Stunden mit Olivenöl bedecken.

1 Sardellen und Knoblauch in etwas heißem Olivenöl braten. (Bei marinierten Sardellen nur den Knoblauch braten, Sardellen hinzugeben und vorsichtig erhitzen.) Paprika und Eier unterrühren, bis alles vermischt und die Eier gerade gestockt sind.

2 Die Sardellenmischung sofort gleichmäßig auf dem gerösteten Brot verteilen und mit grünen Paprikastreifen garnieren. Sofort servieren.

Ergibt 4 Tapas

Blauschimmelkäse-Sardellen-Torteletts
Hojaldre relleno

50 g Roquefort oder ein anderer weicher Blauschimmelkäse, zerkrümelt
200 ml Sahne, steif geschlagen
4 Sardellenfilets in Öl, abgegossen und halbiert

Für die 8 Torteletts
200 g Mehl, zusätzlich Mehl zum Ausrollen
½ TL Salz
90 g weiche Butter
2 kleine Eigelb

In den Torteletts ist eine wunderbar reichhaltige, aromatische Füllung verborgen, darum sollte man zu diesem *pintxo* einen erfrischenden Weißwein reichen. Ideal ist Txakoli, ein beliebter baskischer Wein, aber auch ein leichter, trockener Perlwein passt gut.

1 Für den Teig Mehl, Salz und Butter in der Küchenmaschine zu einer feinkrümeligen Masse verarbeiten. Weitermischen und dabei die Eigelbe und nach und nach etwas kaltes Wasser hinzufügen. Nur so viel Wasser dazugießen, dass sich eine Teigkugel formen lässt. In Klarsichtfolie wickeln und für ½ Stunde kalt stellen.

2 Den Teig auf einer bemehlten Arbeitsfläche ausrollen und 8 Kreise in der Größe der Tortelettförmchen sowie 8 Teigdeckel ausschneiden. Den Teig in den Förmchen mehrmals einstechen, für 20 Minuten kalt stellen. Getrocknete Bohnen zum Blindbacken einfüllen. Die Teigdeckel auf ein Backblech setzen und mit den Torteletts im vorgeheizten Ofen bei 200 °C (Umluft 180 °C) in etwa 15 Minuten hellgolden backen. In den Förmchen abkühlen lassen.

3 Für die Füllung den Käse und die Sahne mit einem Holzlöffel glatt rühren. Beiseite stellen.

4 Die Torteletts aus den Förmchen nehmen und je ½ Sardelle hineinlegen. Mit der Käsemischung auffüllen und mit dem Deckel verschließen.

5 Die Torteletts auf ein Backblech setzen und für 1 Minute in den heißen Ofen (220 °C, Umluft 200 °C) schieben. Herausnehmen und servieren.

Ergibt 8 Tapas

Pilz-Garnelen-Torteletts, mit Käse überbacken
Txalupa

100 g Champignons, gehackt
2 Knoblauchzehen, sehr fein gehackt
30 g Butter
Salz
125 ml spritziger Weißwein
125 ml Sahne
10 große Garnelen, geschält und gehackt
125 g queso Ibérico oder reifer Cheddar, gerieben

Für die 8 Torteletts
100 g Mehl, ½ TL Salz
40 g weiche Butter
1 kleines Eigelb

Dieser *pintxo* hat nicht nur einen feinen Geschmack, sondern sieht auch so aus. Auch hierzu serviert man einen erfrischenden Weißwein.

1 Den Teig zubereiten, wie im oberen Rezept beschrieben (Arbeitsschritte 1 und 2), jedoch auf die Teigdeckel verzichten.

2 Für die Füllung die Pilze und den Knoblauch in der zerlassenen Butter bei schwacher Hitze 20 Minuten braten. Mit Salz abschmecken. Den Weißwein dazugießen, zum Kochen bringen und fast ganz einkochen lassen. Die Sahne und das Garnelenfleisch hinzufügen und weitere 3 Minuten mitgaren, dabei gelegentlich umrühren. Vom Herd nehmen.

3 Die Torteletts aus den Förmchen nehmen, die Füllung hineingeben und mit geriebenem Käse bestreuen. Für 2 Minuten unter den heißen Grill schieben, bis der Käse eine goldgelbe Farbe hat. Sofort servieren.

Ergibt 8 Tapas

KATALONIEN

Carlos Abellán
Comerç24

Albert Asin
Bar Pinotxo

Paco Guzmán
Santa María

Josep Manubens
Cal Pep

Tapas bringt man vielleicht nicht ohne weiteres mit Katalonien in Verbindung, ganz gewiss jedoch mit seiner Hauptstadt Barcelona. Die Katalanen haben sich zwar nie so sehr für Tapas begeistern können, doch in Barcelona hat man mit dem üblichen Perfektionismus eine ganz neue Form der Tapa-Zubereitung geschaffen. Die Stadt, eine Enklave katalanischer Kultur, durchdrungen von gallischen Einflüssen, trennen Welten vom restlichen Spanien. Mit der Austragung der Olympischen Spiele 1992 hat sich Barcelona neu erfunden und ist zu einer dynamischen, zukunftsorientierten Stadt mit ausgeprägtem kaufmännischem Charakter geworden, einem kulturellen Kraftwerk sowie gastronomischen Zentrum. Nirgendwo in Spanien gibt es so viele Designer-Bars wie hier, und die Gäste genießen die Weine der Regionen Penedès und Priorato zu Tapas und *raciones*, die neue Maßstäbe der Kreativität setzen.

„Nirgendwo in Spanien gibt es so viele Designer-Bars wie hier, und die Gäste genießen die Weine der Regionen Penedès und Priorato zu Tapas und raciones, *die neue Maßstäbe der Kreativität setzen."*

Barcelona, das ist Gaudí. Seine fantastischen Architekturschöpfungen, einschließlich der immer noch unvollendeten Kathedrale Sagrada Famìlia, prägen das Stadtbild. Barcelona, das ist aber auch Ferran Adrià, der polemische Pionier der neuen katalanischen Cuisine. Sein gastronomischer Tempel, El Bulli, beherrscht die felsige Costa Brava. Überall in der eleganten Stadt und weit über ihre Grenzen hinaus wird das Restaurant Adriàs kopiert und somit das breite Angebot heimischer Produkte um Elemente der internationalen Küche erweitert.

Im El Bulli serviert man Gerichte von Miró'scher Kreativität, etwa Mango-Ravioli mit Basilikumgelee und Orangen-Ingwer-Confit. *Pa amb tomaquet* (mit Tomaten bestrichenes Brot, gewürzt mit Salz und Olivenöl), ein einfacher, aber köstlicher Imbiss katalanischer Arbeiter, hat damit nicht mehr viel zu tun. Doch auch wenn Adrià keine Tapas serviert, bei seinen Schülern bekommt man sie - so etwa bei Carlos Abellán vom Comerç24.

Die Geschichte der katalanischen Gastronomie unterscheidet sich deutlich von jener der restlichen Iberischen Halbinsel. Die ältesten Spuren fremder Einflüsse finden sich an der Costa Brava, wo römische Siedlungen über sechs Jahrhunderte die Region dominierten. Von den Römern übernahmen die Katalanen das Einsalzen großer Mengen Fisch, woraus L'Escalas Sardellenkonserven entstanden, die immer noch als die besten in ganz Spanien gelten. Mit der Besetzung durch die Mauren gelangten Nahrungsmittel wie Auberginen, Safran und Spinat in die Region - bis heute wichtige Zutaten der katalanischen Küche. Später folgten unerschrockene französische Mönche, Benediktiner und Zisterzienser, die nicht nur außergewöhnliche Klöster bauten und sich um die Errettung der Seelen kümmerten, sondern auch Trauben kultivierten. Im 15. Jahrhundert, als Katalonien mit dem Königreich von Neapel und Sizilien vereinigt wurde, gewann der italienische Einfluss wieder an Bedeutung. Die sich schnell entwickelnde Küche besaß nun erste katalanische Kochbücher: das *Libre de Sent Soví* und das *Libre del Coch*. Bereits im 9. Jahrhundert hatte die Armee Karls des Großen auch gallische Spuren in der Region hinterlassen, und die geographische Nähe zu Frankreich sollte über die Jahrhunderte hinweg die Geschmacksnerven der Katalanen beeinflussen.

Die bürgerliche Küche Kataloniens ist für ihre Saucen bekannt. Viele davon basieren auf *Sofregit*, einer Komposition aus typisch mediterranen Zutaten - Olivenöl, Zwiebeln, Knoblauch und Tomaten -, die immer wieder für Tapas Verwendung finden. Auch *alioli*, die beliebte Knoblauch-Mayonnaise, dient kalt oder warm zum Verfeinern von Tapas. Ebenso wie die Franzosen und Italiener und ganz im Gegensatz zu den Kastilianern und Basken schwelgen die Katalanen in aromatischen Kräutern: Fenchel, Lorbeerblatt, Petersilie, Thymian, Minze und Wacholderbeeren. Herausragende Würzmittel sind Schokolade (als Zutat für Wildgerichte), Zimt und Safran, die einmal mehr beweisen, dass Katalonien seinen eigenen Kopf hat - in gastronomischer, kultureller sowie in ökonomischer Hinsicht.

Mar y montaña (wörtlich „Meer und Berge") beschreibt nicht nur eine typisch katalanische Kombination von Zutaten wie Muscheln mit Schinken oder Speck mit Kalmar, sondern auch die Gegensätze der regionalen Topographie. Trotz der starken Industrialisierung kann man hier unterschiedlichste Landschaften bewundern: dramatische Küsten mit steilen Klippen, weite Täler, Ebenen, Seen, reißende Flüsse, ein riesiges Flussdelta, ein Kalksteingebirge im Süden und die grünen Pyrenäen im Norden. Dies bedeutet ein feines Netzwerk unterschiedlicher klimatischer Bedingungen und eine gesicherte Versorgung mit heimischen Nahrungsmitteln. Auf Barcelonas geschäftigem Boquería-Markt kann man den Einkaufskorb mit Käse aus Ziegen-, Kuh- oder Schafsmilch sowie mit Lamm und Wildpilzen aus den Pyrenäen füllen, aber auch mit Tomaten, Olivenöl, Wassermelonen, Pfirsichen, Trauben, Aprikosen und Feigen, Fisch und Schaltieren aus dem Mittelmeer, *embutidos* (Würstchen) und Schinken aus der Region von Gerona sowie Hülsenfrüchten von den Vulkanhängen von Olot. In diesem riesigen Gebiet erloschener Krater wird auf fruchtbarem Boden eine breite Palette ökologischer Lebensmittel angebaut, die man zum Teil für Barcelonas beste Tapas verwendet.

Vor dem Markt erstreckt sich Las Ramblas, Barcelonas Hauptverkehrsstraße, bis zum Hafen hinunter, der „Quelle" des überreichen Angebots an Fisch und Meeresfrüchten. Jenseits davon liegen die engen, von Wäscheleinen durchkreuzten Straßen des Barri Gòtic (des gotischen Viertels), die gewaltige Kathedrale, ein Stück römische Mauer und ein mittelalterlicher Schlosshof. Nach einem Abstecher zum Picasso-Museum bekreuzigt man sich vor der Santa María del Mar, der Kirche der Seeleute, und taucht in den angesagten Born-Distrikt ein, der hinter Barceloneta („Klein Barcelona") und dem neuen Jachthafen liegt. Hier bieten die modernsten jungen Designer ihre Waren an, und hier kann man eine besonders innovative Küche probieren.

Eixample, das elegante Viertel aus dem frühen 19. Jahrhundert, mag sich zwar seiner architektonischen Juwele rühmen, doch wahre Inspiration findet man in Born. Für die Tapas der nächsten Seiten sollte man sich also Zeit nehmen, um sich von den sprühenden Ideen begeistern zu lassen.

Carlos Abellán Comerç24, Barcelona

Das Vergnügen am gemeinsamen Essen mit Freunden ist Carlos' Antrieb. „Bei Tapas geht es darum, wie man sie isst", erklärt er, „es geht um kleine Portionen und darum zu teilen." Seine Idee war, Tapas in einem Restaurant zu servieren, und das Comerç24 bietet dafür eine äußerst elegante Atmosphäre, auch wenn Carlos darauf besteht, dass „man sich hier ganz entspannt fühlt." Die Gäste an der langen Bar sitzen auf gepolsterten Barhockern und verzehren Tapas der nueva cocina, *von modernen Gerichten wie Basilikum-*Salmorejo *mit Litschis bis zu traditionellen Tapas wie Kutteln mit Hummus.*

Carlos hält die Fahne seines Mentors Ferran Adriá hoch. Mit ihm arbeitete er zusammen, ehe er zu Talaia Mar in Barcelonas olympischem Dorf ging. In der Folge pendelte er zwei Jahre zwischen Barcelona und Sevilla hin und her, um Adriás andalusischen Außenposten aufzubauen, das Hacienda Benacuza. „Ich verbrachte so viel Zeit auf Flughäfen und in Flugzeugen, dass ich Ideen für mein eigenes Restaurant zu entwickeln begann", erklärt Carlos. „Dass ich gerade diesen Ort wählte, war reiner Zufall, denn ich kam hierher, um Freunde zu treffen." Das Comerç24 öffnete seine Pforten im Sommer 2001. Carlos besteht darauf, hier keine „kreative" Küche auszuprobieren.

Katalanischer Grillfisch mit würziger Fischsauce

Suquet de Pescado

2 Knoblauchzehen, zerdrückt
Olivenöl
2 EL gehackte frische Petersilie
2 Tomaten, enthäutet, von Stielansatz und Samen befreit und gehackt
1 l Fischfond
4 mittelgroße neue Kartoffeln, geschält und gewürfelt
½ TL süßes spanisches Paprikapulver
Salz
Frisch gemahlener schwarzer Pfeffer
4 Fischfilets (je 175 g), etwa Seehecht

Dieses klassische katalanische Gericht ist sehr viel mächtiger, als es für Tapas üblich ist, darum kann es in der Menüfolge auch ruhig an die Stelle des ersten oder zweiten Gangs rutschen. Im Comerç24 werden dazu Auberginen- und Kartoffelpüree serviert, die sich beide wunderbar zum Aufsaugen der köstlichen Fischsauce eignen.

1 Den Knoblauch in einer großen Pfanne in etwas Olivenöl weich braten, aber nicht bräunen. Petersilie und Tomaten hinzufügen und bei schwacher Hitze unter Rühren garen, bis die Mischung eindickt.

2 Den Fischfond, die Kartoffeln und das Paprikapulver dazugeben. Etwa 10 Minuten kochen, bis die Kartoffeln weich sind. Mit Salz und Pfeffer würzen.

3 In der Zwischenzeit die Fischfilets mit der Hautseite nach unten goldbraun grillen. Die Fischsauce in einzelnen Schälchen anrichten und zu den Fischfilets servieren.

Ergibt 4 Tapas

Marinierte Thunfischwürfel

Bonito en sashimi marinado

50 ml Sojasauce
50 ml Sonnenblumenöl
150 g ganz frischer Thunfisch, in Würfel geschnitten (Kantenlänge 3 cm)
2 EL Sesamsamen
Sojaöl

Carlos Abellán serviert diese Tapa in einer Porzellanform, die für solche Würfel speziell entworfen wurde. Doch die stilvoll raffinierte Spezialität wirkt auf jedem Teller gut. Der Thunfisch muss unbedingt ganz frisch sein, und für ein noch intensiveres Aroma bestreut man die Würfel mit etwas Ingwerpulver oder geriebenem frischem Ingwer.

1 Für die Marinade die Sojasauce und das Sonnenblumenöl verrühren. Die Thunfischwürfel hineinlegen und mindestens 12 Stunden marinieren lassen.

2 Die Thunfischwürfel jeweils auf einen Holzspieß stecken, mit Sesamsamen bestreuen und mit ein wenig Sojaöl beträufeln. Sofort servieren.

Ergibt 4 Tapas

„Bei Tapas geht es um die Form und darum, wie man sie isst; es geht um kleine Portionen und darum zu teilen ..."

Speck-Kalmar-Päckchen

Ataditos de calamar con vinagreta de tinta

8 Scheiben geräucherter Schinkenspeck
1 großer Kalmar, küchenfertig vorbereitet und quer in dünne Streifen geschnitten
Olivenöl zum Braten
1 TL Tintenfischtinte
100 ml Sonnenblumenöl

Diese ungewöhnliche Kombination von Kalmar und Schinkenspeck ist ein typisches Beispiel für die katalanischen „Meer-und-Berge-Spezialitäten" *(mar y montaña).*

1 Die Schinkenspeckscheiben jeweils längs halbieren. Die Tintenfischstreifen in 16 Portionen teilen und jeweils in der Mitte mit Schinkenspeck umwickeln. Die Päckchen mit Cocktailspießchen fixieren.

2 Die Speck-Kalmar-Päckchen in etwas Öl bei mittlerer Hitze braten, bis der Speck knusprig ist. Auf Küchenpapier abtropfen lassen und auf einer Servierplatte anrichten.

3 Für die Vinaigrette die Tinte und das Sonnenblumenöl verquirlen. Über die Päckchen träufeln. Sofort servieren.

Ergibt 4 Tapas

Gebratene Tomaten mit Frischkäse und Sardellen

Requesón con tomate y anchoas con vinagreta de garúm

8 reife Tomaten, enthäutet, von Stielansatz und Samen befreit und halbiert
Olivenöl zum Beträufeln
Salz
Zucker
2 ½ EL natives Olivenöl extra
1 ½ TL Tapenade mit schwarzen Oliven (Paste aus Sardellenfilets, Kapern, Olivenöl, schwarzen Oliven, Knoblauch und schwarzem Pfeffer)
1 kleines Bund frisches Basilikum, fein gehackt
200 g frischer spanischer Requesón oder italienischer Ricotta
16 Sardellenfilets, Öl abgegossen
20 g Pinienkerne, in wenig Olivenöl geröstet

Für die Parmesanchips
20 g Butter
500 g Parmesan, frisch gerieben

Als Frischkäse sollte man für diese Tapa Requesón verwenden – die spanische Entsprechung des italienischen Ricotta. Der Käse bildet die ideale milde Grundlage für die kräftigen Aromen von Sardellen, Tomaten und Basilikum-Oliven-Vinaigrette.

1 Die Tomatenhälften auf ein Backblech legen. Mit Olivenöl beträufeln, mit etwas Salz und Zucker bestreuen. Im Ofen bei 150 °C (Umluft 130 °C) 30 Minuten braten. Herausnehmen und abkühlen lassen.

2 Für die Parmesanchips die Butter in einer Pfanne zerlassen und kleine Portionen Parmesan (etwa 3 Esslöffel) hineingeben. Den Parmesan flach drücken und von beiden Seiten goldgelb braten. Die fertigen Chips auf Küchenpapier setzen.

3 Das extranative Olivenöl für die Vinaigrette mit der Tapenade und dem fein gehackten Basilikum verrühren.

4 Je 2 gebratene Tomaten auf Tellern anrichten. Jeweils etwas Requesón darauf setzen und ein Sardellenfilet darüber legen. Mit Pinienkernen bestreuen, die Vinaigrette darüber träufeln und mit Parmesanchips garnieren.

Ergibt 8 Tapas

Albert Asin Bar Pinotxo, Barcelona

In der Bar Pinotxo werden seit sechzig Jahren köstlichste Tapas für die treue Klientel zubereitet. In der Küche herrscht nun Albert Asin, eines der fünf Mitglieder der Bayen-Familie, die in der kleinen Bar im Herzen des Boquería-Markts arbeiten. Albert in seiner offenen Küche zu beobachten ist geradeso, als würde man bei der Entstehung eines Wunders zuschauen: Große Töpfe und Woks werden in dichtem Küchendampf hin und her geschoben, darüber türmen sich irdene Schüsseln, darunter die noch irgendwie untergebrachten Zutaten.

„Meine wichtigste Neuerung in der Bar war der Wok", erzählt Albert, „er ist das älteste Kochgeschirr der Welt – und das beste!" Sieht man vom Wok einmal ab, ist Albert ein erklärter Traditionalist. Doch den Fortschritt fürchtet er nicht: „Die Lage der Bar ist ideal. So finde ich die besten Produkte direkt auf dem Markt und kann die Grundrezepte entsprechend aufwerten", erklärt er. „Gutes Öl und Salz zum Beispiel machen einen großen Unterschied aus."

Bevor Albert die Küche in der Tapas-Bar Pinotxo übernahm, kochte hier seine Mutter María und vor ihr sein Großvater Juan. Alberts Vater kümmert sich um die Kunden, während Bruder Jordi und Schwägerin Titi das Essen an die Besitzer von Marktständen liefern.

Kichererbsen mit Blutwurst

Garbanzos con butifarra negra

Olivenöl
½ große Zwiebel, in dünne Scheiben geschnitten
1 Knoblauchzehe, fein gehackt
2 EL fein gehackte frische Petersilie
25 g Sultaninen, 15 Minuten in heißem Wasser eingeweicht
10 g Pinienkerne
150 g Blutwurst, gebraten und grob gehackt
1 Dose (400 g) Kichererbsen, abgegossen und abgespült
Salz
Frisch gemahlener schwarzer Pfeffer

Diese katalanische Tapa-Spezialität ist eine wunderbare Kombination von cremigen Kichererbsen, süßen Sultaninen, reichhaltiger Blutwurst und knackigen Pinienkernen. Eine typisch spanische Verführung der Sinne!

1 In einem Topf 2 Esslöffel Olivenöl schwach erhitzen und die Zwiebel darin gerade eben weich schwitzen. Den Knoblauch, die Petersilie, die abgegossenen Sultaninen und Pinienkerne untermischen.

2 Die Blutwurst und die Kichererbsen hinzufügen und unter Rühren erhitzen. Mit Salz und Pfeffer würzen. Auf einer Servierplatte anrichten, mit Olivenöl beträufeln und sofort servieren.

Ergibt 4 Tapas

Würzig marinierte Sardinen
Sardinas en escabeche

12 frische, mittelgroße Sardinen, geschuppt und von Eingeweiden und Gräten befreit
Mehl zum Bestäuben
100 ml Olivenöl
Frisch gemahlener schwarzer Pfeffer
1 getrocknete rote Chilischote, vom Stielansatz befreit und fein gehackt
12 Knoblauchzehen
1 EL süßes spanisches Paprikapulver
3 Lorbeerblätter
100 ml Weißweinessig
100 ml trockener Weißwein
100 ml Wasser
Salz

Einfache gegrillte Sardinen bekommt man überall in Spanien, doch Alberts raffinierte Marinade verwandelt sie in eine aromatische Sensation. Der intensive Knoblauchgeschmack dieser Tapa wird durch die leicht bitteren Lorbeerblätter wunderbar ergänzt. Und am nächsten Tag schmecken die Sardinen sogar noch besser.

1 Die Sardinen mindestens 2 Stunden vor dem Servieren von beiden Seiten leicht mit Mehl bestäuben. Kurz im heißen Öl braten, bis sie von beiden Seiten gebräunt sind, und in ein tiefes Steingutgefäß legen.

2 Das Öl aus der Pfanne abseihen, abkühlen lassen und zurück in die Pfanne gießen. Pfeffer, Chili und Knoblauch dazugeben und sanft braten, bis der Knoblauch goldgelb ist.

3 Vom Herd nehmen. Das Paprikapulver, die Lorbeerblätter, Essig, Wein, Wasser und Salz hinzufügen. Aufkochen und 1 Minute kochen lassen.

4 Die heiße Marinade über die Sardinen gießen. Bei Raumtemperatur mindestens 2 Stunden marinieren lassen.

5 Die Sardinen heiß, kalt oder von Raumtemperatur servieren.

Ergibt 6 Tapas

„Meine Gerichte sind meist traditionell. Doch dank der Lage der Bar finde ich die besten Produkte direkt auf dem Markt und kann die Grundrezepte entsprechend aufwerten."

Weiße Bohnen mit Tintenfisch
Mongetes de Santa Pau con chipirones

3 EL Olivenöl
400 g frische Sepien, küchenfertig vorbereitet
1 Knoblauchzehe, sehr fein gehackt
Frisch gemahlener schwarzer Pfeffer
250 g weiße Bohnen, gegart und abgegossen
2 EL fein gehackte frische glatte Petersilie
Salz
Balsamessig

Mit weißen Bohnen aus Santa Pau wird diese Tapa echt katalanisch. Ist die Sorte jedoch nicht erhältlich, kann man sie durch andere weiße Bohnen ersetzen. Sie sollten aber so klein wie möglich sein, auch Bohnen aus der Dose eignen sich. Sepia (Gemeiner Tintenfisch) kann man ebenfalls durch Kalmar ersetzen.

1 Das Öl in einem Wok oder einer Pfanne stark erhitzen und die Sepien mit dem Knoblauch und etwas Pfeffer hineingeben. Unter häufigem Schwenken 1 Minute braten.

2 Die weißen Bohnen und die Petersilie hinzufügen und alles 1 weitere Minute braten. Mit Salz und Pfeffer würzen. Auf einer Servierplatte anrichten, mit Essig beträufeln und sofort servieren.

Ergibt 8 Tapas

BAR
PINOCHO

BAR PINOTXO
RB
NOVELL

Paco Guzmán Santa María, Barcelona

Paco Guzmán ist ständig unterwegs. Eben sieht man ihn noch verschwommen hinter der Glaswand, die Küche und Bar trennt. Dann durchforstet er auf seinem Fahrrad schon wieder den Boquería-Markt nach Zutaten, besucht Ökohändler oder schaut in seinem zweiten Designer-Restaurant, dem Convent dels Angels, nach dem Rechten. Seine Wurzeln liegen im Baskenland und Rioja – in Verbindung mit seiner Ausbildung in Frankreich eine ideale Voraussetzung für Kreativität. Doch den größten Einfluss auf seinen Stil hatten seine Asienaufenthalte und seine Zeit als Küchenchef in Tokio. Paco achtet stets darauf, was gerade Saison hat und gesund ist. Entsprechend regelmäßig wechselt auch seine Speisekarte, die er an die durchscheinenden Lampenschirme über der Bar klammert.

„Ich beschloss, ein zwangloses Restaurant zu eröffnen, in dem jeder kleine Portionen der besten Speisen genießen kann", erklärt Paco. Seit der Eröffnung 1999 hat sich das Santa María schnell zu einem gastronomischen Wahrzeichen entwickelt, mittags etwas ruhiger, am Abend jedoch brechend voll. Über seine Kochleidenschaft sagt er: „Unterschiedliche Aromen zu vermischen ist wie das Spielen auf einem Klavier der Sinne: Die verschiedenen Tasten bringen Geschmack, Textur und ausgewogene Nährstoffe hervor."

Kürbissalat mit Kastanien und Feta

Ensalada de calabaza, castañas y queso feta

½ Kopf Eichblattsalat oder
175 g Feldsalat, gewaschen und in mundgerechte Stücke zerpflückt
1 kleiner Kopf krause Endivie, von größeren Blättern befreit und in mundgerechte Stücke zerpflückt
1 Bund Brunnenkresse
225 g Feta, in kleine Würfel zerteilt
1½ Frühlingszwiebeln, in dünne Scheiben geschnitten
1 Granatapfel, Samen ausgelöst
200 g Esskastanien, gegart, geschält und halbiert
350 g Kürbisfleisch, in feine, kurze Streifen geschnitten

Für die Vinaigrette
2 EL Weißweinessig
6 EL natives Olivenöl extra
Salz
Frisch gemahlener weißer Pfeffer

Paco Guzmáns Erfahrungen mit der asiatischen Küche und der fantastischen Auswahl herbstlicher Produkte Kataloniens verdanken wir diese wunderbare Salat-Tapa. Jeden Herbst erscheinen auf Spaniens Straßen aufs Neue die Maronenröster, während die Marktstände eine überreiche Auswahl an Kürbissorten in geradezu Dalí'schen Formen und Farben anbieten. Für dieses Rezept kann man die Salatsorten durchaus variieren oder auch weniger verwenden, denn das Hauptgewicht liegt auf einer ausgewogenen Kombination von frischem Kürbis, Esskastanien (Maronen), Feta und süßen Granatapfelsamen.

1 Die einzelnen Zutaten für den Salat in 8 Salatschälchen oder in einer großen Salatschüssel anrichten.

2 Für die Vinaigrette den Weißweinessig und das Olivenöl verquirlen und mit Salz sowie weißem Pfeffer würzen.

3 Den Salat mit der Vinaigrette beträufeln und gründlich mischen. Sofort servieren.

Ergibt 8 Tapas

Entenleber mit süßen Birnen und Sichuanpfeffer

Higado de pato con pera y pimiento Szechuan

60 g Zucker
5 EL Wasser
2 Birnen, geschält und in dünne Scheiben geschnitten
150 g Entenleber, in 4 Scheiben geschnitten
1 EL Olivenöl
4 TL Sichuanpfeffer, im Mörser zerstoßen

Entenleber hat eine besonders feine, weiche Konsistenz, und Paco Guzmán kombiniert sie hier auf perfekte Weise mit frischen pochierten Birnen und einem Hauch mildem Sichuanpfeffer. Wer keine Entenleber bekommt, kann jedoch auch Gänseleber verwenden. Diese außergewöhnliche Tapa ist sehr reichhaltig, und darum genügt eine Portion.

1 Zucker und Wasser in einem Topf verrühren und erhitzen, bis sich der Zucker gelöst hat. Die Birnen so lange darin pochieren, bis sie gerade weich sind. Abgießen, die Flüssigkeit auffangen, die Birnen beiseite stellen. Die Flüssigkeit aufkochen und zu einem leichten Sirup einkochen lassen. Die Birnen hineingeben und gut untermischen.

2 Die Entenleber in dem Öl von beiden Seiten hellbraun braten. Auf Tellern anrichten.

3 Eine kleine Menge Birnen und Sirup neben der Leber aufhäufen, etwas Pfeffer in einem Streifen daneben streuen. Sofort servieren.

Ergibt 4 Tapas

„Unterschiedliche Aromen zu vermischen ist wie das Spielen auf einem Klavier der Sinne: Die verschiedenen Tasten bringen Geschmack, Textur und ausgewogene Nährstoffe hervor."

Santa Maria # 65
• Chips de yuca
• Anchoas con pan con tomate
• Cecina de León
• Empanadillas de setas y pato confitado
• Maki de aguacate y pepino
• Alcachofas a la plancha
• Bacalao con tomate y encurtidos
• Postres =
• Piña colada con chupa-chups
• Helado de caki, plumb-cake y toffe
• Manzana reineta con bizcocho de frutos secos y helado de chocolate
• Trufas de chocolate

Gegrillter Klippfisch mit Süßkartoffelpüree und Pickles

Bacalao con boniato y encurtidos

750 g dickes Klippfischfilet, aus der Mitte geschnitten
150 g Knoblauchzehen
Olivenöl
Weißweinessig
500 g Süßkartoffeln
Frisch gemahlener schwarzer Pfeffer
100 g Essiggurken, Essigsud abgespült
200 g schwarze Oliven
200 g Kapern, Essigsud, Salzlake oder Salz abgespült
2 EL gehackte frische glatte Petersilie

Eine alte Spezialität mit neuer katalanischer Note: Der samtige *bacalao* mit dem feinen Aroma wird mit würzigen Pickles kombiniert. Für ein Hauptgericht verdoppelt man einfach die Menge der Süßkartoffeln und serviert den Fisch auf einem Bett aus Püree.

1 Den Fisch in 6 gleich große Stücke schneiden, mit Wasser bedecken und zum Entsalzen 48 Stunden stehen lassen. Wasser zweimal am Tag wechseln.

2 Die Knoblauchzehen zum Marinieren schälen und in ein paar Esslöffeln Olivenöl goldgelb braten. Herausnehmen, in ein Schraubglas füllen und mit ²⁄₃ Öl und ¹⁄₃ Essig bedecken. Ebenfalls 48 Stunden stehen lassen.

3 Die Süßkartoffeln mit der Schale 45–60 Minuten im Ofen bei 180 °C (Umluft 160 °C) backen, bis sie weich sind. Die Schale aufritzen, das Fleisch auslösen und mit etwas Olivenöl und schwarzem Pfeffer zu einem weichen Püree verarbeiten.

4 Den Fisch aus dem Wasser nehmen und mit Küchenpapier trockentupfen. Die Stücke mit Olivenöl bestreichen und auf Alufolie unter den heißen Grill schieben. So lange grillen, bis die Oberseite goldbraun ist. Die Hitze reduzieren und den Fisch weitergrillen, bis er gar ist.

5 Die Fischstücke auf einzelne Teller setzen. Die Gurken, schwarzen Oliven, Kapern und Knoblauchzehen (alles nach Belieben zerkleinert) rundum und darüber verteilen.

6 Mit Petersilie bestreuen und mit dem (oder auch auf dem) Süßkartoffelpüree servieren.

Ergibt 6 Tapas

Josep Manubens Cal Pep, Barcelona

Im Cal Pep herrscht eine unprätentiöse Atmosphäre: Zügig und gut gelaunt bereitet man frische Gerichte von bester Qualität ganz unkompliziert zu – und dies spiegelt vor allem das Wesen von Pep (der Spitzname von Josep Manubens) wider. Hier gibt es keine festgelegte Speisekarte, da die Tapas und raciones *je nach Saisonprodukten variieren. Doch die fröhlichen Angestellten zählen die täglich angebotenen Gerichte mit großer Kenntnis auf, und gekocht wird direkt vor den Gästen. „Die Fischer können nur das fangen, was es gerade gibt, und daran orientiere ich mich", erklärt Pep. „Meeresfrüchte aus der Region kaufe ich auf dem Lonja (Barcelonas Fischmarkt für Großhändler), größere Fische außerhalb an der Costa Brava und Fische aus dem Atlantik auf dem Boquería-Markt."*

Pep schätzt die Gesellschaft seiner Gäste ebenso sehr wie frische Speisen. „Restaurants mit Tischen mochte ich nie, sie sind langweilig", erklärt er mit Nachdruck. „Also lag es für mich nahe, eine Bar zu eröffnen. Da hat man ständig Kontakt zu den Gästen. Das Essen kann genauso gut sein wie in einem Fünf-Sterne-Restaurant, aber alles hat mehr Charme, alle haben mehr Spaß."

Nach 24 Jahren ist das Cal Pep längst zu einer Institution geworden, und Pep, ein Küchenchef der neuen Generation in Barcelona, wird sehr verehrt.

Sardellenpastete mit Kartoffeln und Tomaten

Pastel de anchoa

500 g gekochte Kartoffeln, zu Püree zerstampft und durch ein Sieb passiert
9 EL natives Olivenöl extra
3 EL Weißweinessig
Salz
Frisch gemahlener schwarzer Pfeffer
16 frische Sardellenfilets
2-3 reife Tomaten, enthäutet, von Stielansatz und Samen befreit und fein gehackt
85 g schwarze Oliven, entsteint und fein gehackt

In diesem köstlichen, andersartigen Gericht kommt das Aroma einiger typisch spanischer Zutaten besonders gut zur Geltung: Sardellen, Tomaten und Kartoffeln. Wer keine frischen Sardellen bekommt, kann auch in Essig eingelegte verwenden. In diesem Fall die Sardellen abgießen und einige Stunden vor der Zubereitung in Olivenöl marinieren.

1 Das Kartoffelpüree in eine Schüssel füllen. Für die Vinaigrette das Öl, den Essig, Salz und Pfeffer vermischen und zwei Drittel davon unter das Kartoffelpüree rühren. Mindestens 1 Stunde durchziehen lassen.

2 Die Sardellenfilets in eine flache Schale legen und mit der restlichen Vinaigrette beträufeln. Ebenfalls mindestens 1 Stunde marinieren lassen. (Werden bereits marinierte Sardellen verwendet, diese einfach abgießen.)

3 Für die Pastete den Boden einer Kastenform (20 x 20 Zentimeter) mit den Sardellen auslegen. Die gehackten Tomaten darüber verteilen und eine etwa 1 Zentimeter dicke Schicht Kartoffelpüree darüber streichen. Für mindestens 1 Stunde in den Kühlschrank stellen.

4 Die Pastete zum Servieren aus der Form auf eine Platte stürzen. Mit den gehackten Oliven bestreuen und in Scheiben schneiden.

Ergibt 8 Tapas

Venusmuscheln und Schinken in Chilisud

Almejas con jamón

300 g frische Venusmuscheln, gründlich gesäubert (Muscheln, die sich nicht schließen, wegwerfen)
60 g Schinken, in dünnen Streifen
1 mittelgroße rote Chilischote, von Stielansatz, Samen und Scheidewänden befreit und fein gehackt
2 EL Olivenöl zum Braten
2 Knoblauchzehen, sehr fein gehackt
2 EL fein gehackte frische glatte Petersilie
2 EL Weißwein
Salz und schwarzer Pfeffer

Eine Spezialität aus dem Cal Pep mit der klassischen katalanischen Kombination von Zutaten aus dem Meer und den Bergen. Das einfache, aber hocharomatische Gericht kann man in größerer Menge problemlos als Hauptgericht zubereiten. Statt Venusmuscheln eignen sich auch Miesmuscheln.

1 Die Muscheln mit dem Schinken und der Chilischote in einer *paellera* (Paella-Pfanne) oder einer großen Bratpfanne in dem heißen Öl anbraten, bis sie sich zu öffnen beginnen.

2 Knoblauch, Petersilie, Wein, Salz und Pfeffer hinzugeben und weitere 2 Minuten dünsten. Muscheln, die sich bis jetzt nicht geöffnet haben, wegwerfen. Die Muschelmischung in kleinen Schalen anrichten, mit etwas von dem würzigen Chilisud begießen und sofort servieren.

Ergibt 4 Tapas

Versteckte Tortilla
Tortilla cachonda

Olivenöl zum Braten
100 g chorizo *oder eine andere würzige Räucherwurst, in dünne Scheiben geschnitten*
2 mittelgroße Kartoffeln, gekocht, abgepellt und in Scheiben geschnitten
½ kleine Zwiebel, fein gehackt und weich gebraten
3 Eier, verquirlt
Salz
Frisch gemahlener schwarzer Pfeffer
2 EL alioli *(siehe Rezept)*

***Für die* alioli**
2 Knoblauchzehen
Meersalz
1 Eigelb
125 ml Olivenöl
Frisch gepresster Zitronensaft
Salz
Frisch gemahlener weißer Pfeffer

Wenn diese Tapa an Peps langer Bar serviert wird, erkennt man kaum, dass es sich um ein Omelett handelt, denn es wird von einer dicken Schicht cremiger *alioli* bedeckt. Darum also „Versteckte *Tortilla*". In einer kleinen Pfanne kann man wunderbar vier einzelne *tortillas* zubereiten, eine große *tortilla* teilt man einfach in vier Stücke.

1 Für die *alioli* den Knoblauch in einer Schüssel mit etwas Meersalz zerdrücken. Das Eigelb unterschlagen. Weiterschlagen und dabei das Olivenöl in kleinen Portionen hinzugießen. Sobald sich das Öl mit dem Eigelb verbindet, eine größere Menge dazugießen. Ist das Öl aufgebraucht, sollte eine cremige Mischung entstanden sein. Mit Zitronensaft, Salz und Pfeffer abschmecken und sofort kalt stellen.

2 Für die *tortilla* 1 Esslöffel Olivenöl in einer kleinen Pfanne erhitzen. *Chorizo* darin zügig braun anbraten. Die Kartoffeln und die Zwiebel unterrühren und ebenfalls braun braten.

3 *Chorizo*, Kartoffeln und Zwiebel mit den Eiern in einer Schüssel vermischen. Mit Salz und Pfeffer würzen. 2 Esslöffel Öl in einer Pfanne erhitzen und die Mischung hineingießen. Bei schwacher Hitze 3 Minuten braten. Sobald das Omelett fest, aber noch nicht trocken ist, die Pfanne mit einem flachen Teller abdecken und die Pfanne wenden, sodass das Omelett auf dem Teller liegt. Das Omelett wieder in die Pfanne gleiten lassen und in weiteren 3 Minuten von der anderen Seite goldbraun braten. 5 Minuten abkühlen lassen. Anrichten, mit einer dicken Schicht *alioli* bedecken und servieren.

Ergibt 4 Tapas

Krause Endivie mit Knoblauchdressing
Escarola al ajillo

1 Kopf krause Endivie, gewaschen, große Blätter entfernt
3 Knoblauchzehen, in dünne Scheiben geschnitten
6 EL Olivenöl
Salz
Frisch gemahlener schwarzer Pfeffer
2 EL Weißweinessig
250 g verschiedene spanische Räucherwürste, in dünne Scheiben geschnitten

Diese Salat-Tapa aus dem Cal Pep ist eine köstliche Kombination von heißem Knoblauchdressing, knackigem Salat und saftigen Wurstscheiben. In Katalonien gibt es zahlreiche *embutidos* (Räucherwürste), die sich in Form, Größe, Konsistenz und Geschmack stark unterscheiden. Man sollte also möglichst viele Sorten probieren – von Salami bis *chorizo*.

1 Die Endivienblätter zerpflücken und in einer Schüssel oder auf einer Servierplatte anrichten.

2 Den Knoblauch in sehr heißem Olivenöl goldbraun braten. Mit Salz und Pfeffer würzen, vom Herd nehmen und den Essig einrühren.

3 Kurz vor dem Servieren das heiße Knoblauchdressing auf die Endivienblätter gießen. Alles mit den Wurstscheiben vermischen.

Ergibt 6 Tapas

RIOJA und ALTKASTILIEN

José María Ruiz Benito
José María

Carlos Martínez Meay Espinosa
Casa Pali

Miguel Reguera García
Momo

Wer in Altkastilien die falsche Abzweigung nimmt, fährt möglicherweise endlos lange auf gewundenen Straßen durch die Sierra. Auf Weizenfelder folgen sanfte Hügel mit Schafherden, dann wiederum scheinbar kahles Ödland. In einem lang gezogenen Hochplateau (der allgegenwärtigen *meseta*) erstreckt sich diese riesige Region Spaniens nördlich von Madrid bis zur Sierra Cantábrica. Die Bezeichnung *castillo* (Kastell) geht auf das 9. Jahrhundert zurück, als die Region – genauer gesagt ihre Flüsse Ebro und Duero – die Kampffront zwischen Mauren und Christen bildete. Auf jedem Hügel entstanden damals Burgen, oft auf keltisch-iberischen und/oder römischen Ruinen errichtet.

„An das mittelalterliche Spanien mit seinen Geistern, Pilgern und Edelmännern erinnern immer noch düstere Bars aus dunklem Holz und Speisekarten in gotischer Schrift sowie Storchennester hoch oben auf den Kirchtürmen …"

Inzwischen schreiben wir zwar das 21. Jahrhundert, doch Altkastilien symbolisiert (im Gegensatz zu Neukastilien südlich von Madrid) auch heute noch das strenge Spanien der ruhigen Klöster sowie das Spanien, in dem Getreide, Hülsenfrüchte, Ökofleisch und samtiger Wein produziert werden. An das mittelalterliche Spanien mit seinen Geistern, Pilgern und Edelmännern erinnern immer noch düstere Bars aus dunklem Holz und Speisekarten in gotischer Schrift sowie Storchennester hoch oben auf den Kirchtürmen, vom Wetter gegerbte Gesichter und die allgemeine Vorliebe für Fleisch, einschließlich der vermutlich ältesten Rinderrasse Europas (der Negra Ibérica von Ávila). Aus diesem Land stammte auch Isabela la Católica, die infame oder doch eher scharfsinnige (je nach historischer Einschätzung) Einerin Spaniens, die 1492 die Mauren bezwang. Lange vor ihrer Geburt hatten bereits Pilger auf dem Jakobs-Weg durch Nordkastilien – in glühend heißer Sonne oder eisig kaltem Wind – ihre symbolischen Spuren hinterlassen. Auch nach so vielen Jahrhunderten sind Katholizismus und Konservatismus hier ebenso tief verwurzelt wie die Vorliebe für deftige Nahrungsmittel und altbewährte Zubereitungsmethoden.

In den nördlichen Teil dieser Region schneidet Rioja hinein, das zwar so manche Eigenart mit Kastilien teilt, doch sichtbar reicher, fruchtbarer, großzügiger und offener ist. Den Namen „Rioja" verbindet man überall mit Spaniens bestem Wein. Weingärten überziehen hier die welligen Hügel, die sich zum Río Ebro erstrecken; in den Weinstädten Logroño und Haro gibt es zahllose *bodegas*. Im September wird das Weinfest mit solcher Begeisterung gefeiert, dass die Straßen von Logroño mehrere Nächte von Weinliebhabern bevölkert werden.

Neben der Weinerzeugung ist Rioja aber auch als Gemüsegarten Spaniens von großer Bedeutung. Hier werden Paprikaschoten, Artischocken, Spargel, Auberginen angebaut, die sich in leuchtenden Farben in den Marktständen auftürmen. Lamm gehört in Rioja zweifellos zu den wichtigsten Nahrungsmitteln, und in der höher gelegenen bewaldeten Sierra auch Rebhuhn, Wachtel, Kaninchen und Rotwild: Zutaten der bodenständigen Küche in den kalten Wintern.

In Altkastilien gelten die gleichen Vorlieben – neben der für Fleisch. Geradezu poetisch können sich die Küchenchefs über den sinnlichen Genuss eines Gerichts mit Bries vom Lamm auslassen oder der anderen beliebten Spezialität der Region – Schweineohren. Kein einziges Stück vom Schwein wird verschwendet; selbst aus den Borsten entstehen Zahn- oder Nagelbürsten. In Segovia gelten Spanferkel als Delikatesse und sollen nun bald das Qualitätssiegel DOC *(Denominación de Origen Controllado)* erhalten. Auch Rind ist beliebt, insbesondere *cecina* (getrocknetes Rindfleisch) aus León. Die Tradition des Trocknens geht auf die Römer zurück (*cecina* ist von dem lateinischen Wort *siccina* abgeleitet). Über Jahrhunderte verwendete man dafür Pferdefleisch, die perfekte Verpflegung für Krieger, weil gut zu kauen und lange haltbar. Doch die Zeiten und der Geschmack haben sich geändert, und nun wird vor allem Rindfleisch bevorzugt, obwohl es in entlegenen kastilischen Dörfern immer noch *cecina de caballo* gibt.

Schweinefleisch ist jedoch weiterhin auf dem Vormarsch: Salamanca ist berühmt für seinen zarten *jamón de guijuelo*, während aus Schweineohren, -backen, -kutteln, -leber und -füßen aufwendige Gerichte bereitet werden. Das Blut wird zu *morcilla* verarbeitet, einer Blutwurst mit Reis, Zwiebeln, Kreuzkümmel und Pinienkernen. In fast jeder Tapas-Bar wird diese Spezialität angeboten – heiß, saftig und würzig –, ebenso ein zusätzlicher Teller mit kalter *chorizo*, der pikanten Schweinswurst, die mit Paprikapulver aus Murcia oder Extremadura gefärbt und gewürzt ist.

In der Produktion von Hülsenfrüchten und Getreide ist Altkastilien führend. In Spezialgeschäften und an Marktständen findet man ganze Säcke davon, und auf den Speisekarten stehen zahlreiche Gerichte mit diesen hervorragenden Originalprodukten: Linsen aus La Armunya, weiße Kidney-Bohnen aus El Barco de Ávila, weiße, schwarze oder gestreifte *judiones* (Dicke Bohnen) aus La Granha, Kichererbsen aus Zamora. Weizen ist das wichtigste Getreide der Ebenen, diverse Brotsorten in den unterschiedlichsten Formen werden daraus gebacken. Eine Altarnische in José Marías hoch geschätztem Restaurant in Segovia ist sogar dem *pan y vin* (Brot und Wein) gewidmet. Darüber hinaus gibt es Pinienkerne und Chicorée aus Valladolid, Trüffeln aus Soría, Spargel aus Tudela sowie Ziegen- und Schafkäse aus der gesamten Region. Und in den hoch aufragenden Bergen der Picos de Europa, die Altkastilien von den grünen Weiden Kantabriens trennen, produziert man Blauschimmelkäse. Die Liste ließe sich endlos fortsetzen, und das gilt auch für die Zubereitungsmöglichkeiten der Tapas. Aber Neuerungen setzen sich in dieser konservativen Region nur sehr langsam durch. Darum ist es auch keine Überraschung, dass der einzige Küchenchef, der sich hier der *nueva cocina* verschrieben hat, aus Rioja stammt: Francis Paniegos Reich liegt hoch oben in der Sierra de la Demanda.

Vielleicht muss man wirklich die falsche Abzweigung nehmen, um diese Gegend kennen zu lernen. In einer *bodega* kauft man Wein, packt einen Korb voll mit frischer Marktware, und schon geht es in die Berge. Bei Anbruch der Dunkelheit gesellt man sich in einer der großen Städte zu den zahlreichen Gästen der Tapas-Bars. Nach Hause zurückgekehrt, kocht man schließlich ein paar Spezialitäten nach und genießt dazu eine Flasche Rioja.

José María Ruiz Benito

José María, Segovia

Im José María muss man einfach Spanferkel essen, denn hier, in Segovias Tempel des cochinillo, *werden jährlich etwa 8000 Spanferkel serviert. Vor der Bar steht sogar die Bronzeplastik eines jungen Schweins. Und obwohl der Besitzer ein Team von fünfzig Mitarbeitern leitet und jedes Wochenende Hunderte von treuen Gästen bewirtet, strahlt José María Energie, Wärme und Enthusiasmus aus. Er hat sogar schon für König Juan Carlos gekocht.*

José María stammt aus einer Bauernfamilie aus der Nähe von Segovia, der er die Liebe zu gutem kastilischem Essen verdankt. Das Geheimnis seines Erfolgs ist sein Vertrauen in regionale Produkte, die er innerhalb traditioneller Grenzen in leicht modernisierter Form zubereitet. „Die wichtigste Rolle bei meinen Gerichten spielt immer die Hauptzutat – alles andere sind feine Ergänzungen. Kastilien ist eine selbstbewusste Region, doch mangelt es hier ein wenig an Fantasie, also bin ich vorsichtig", erklärt er. Trotz dieser Vorsicht sind seine Tapas einfach köstlich, und es gibt regelmäßig eine neue Speisekarte (nur das Spanferkel bleibt!). „Wir probieren viel aus und kreieren interessante neue Gerichte, aber manches kann man nicht in großen Mengen zubereiten", bedauert er. Als er sein Bar-Restaurant 1982 eröffnete, erklärte er: „Ich habe einen Kopf und zwei Hände, warum soll ich die nicht benutzen?"

Salat mit mariniertem Lamm und Brunnenkresse

Ensalada de corderito lechal escabechado con manzana confitada

1,8 kg Milchlammkeule, Knochen entfernt (Gewicht ohne Knochen)
Salz und schwarzer Pfeffer
Mehl zum Wenden
1 l natives Olivenöl extra
375 ml Rotweinessig
100 g Champignons, in Scheiben
6 Knoblauchzehen, zerdrückt
3 Stangen Lauch, gehackt
100 g Möhren, geschält und in Scheiben geschnitten
1 Zweig Thymian, 3 Lorbeerblätter
1 großer säuerlicher Apfel, geschält, vom Kerngehäuse befreit und längs in dünne Scheiben geschnitten
1 Bund Brunnenkresse, gewaschen, Stängel entfernt
1 Möhre, geschält und in Julienne geschnitten
2 Endivienblätter, in Streifen geschnitten
4 Cocktailtomaten, halbiert

Für die Vinaigrette
1 EL Rotweinessig
3 ½ EL natives Olivenöl extra

Marinaden haben in Kastilien eine lange Tradition, sie dienen zum Konservieren von Fisch und magerem Fleisch. Die Zubereitung des Lamms in diesem Rezept ist etwas aufwendiger, aber das Ergebnis lohnt die Mühe.

1 Etwa 4 Tage vor dem Servieren die Lammkeule mit Salz und Pfeffer würzen. Im Mehl wenden und in etwas Olivenöl rundum leicht anbraten. Das Fleisch in eine Kasserolle legen und das Olivenöl, den Essig, die Champignons, Knoblauch, Lauch, Möhren, Thymian, Lorbeerblätter sowie noch etwas Salz und Pfeffer hinzufügen. Zugedeckt zum Kochen bringen und 75 Minuten leicht köcheln lassen.

2 Vom Herd nehmen, abkühlen lassen und für 3 Tage in der Kasserolle in den Kühlschrank stellen. Am dritten Tag das Fleisch mit sämtlichen Zutaten in einen sauberen Behälter umfüllen und die Apfelscheiben hinzufügen. Den Behälter verschließen und das Fleisch für einen weiteren Tag kalt stellen.

3 Für den Salat das Fleisch aus der Marinade nehmen und in dünne Scheiben schneiden. Die Apfelscheiben herausnehmen und mit einer Gabel zerdrücken. Die Champignons herausnehmen und beiseite stellen.

4 Die Marinade abseihen und 175 Milliliter für die Vinaigrette verwenden. Den Essig und das Olivenöl einrühren, abschmecken.

5 Kurz vor dem Servieren die Brunnenkresse auf einem Teller anrichten und mit Vinaigrette beträufeln. Darüber je 1 Schicht Lamm, Möhren- und Endivienstreifen, Champignons und Tomaten verteilen. Mit Apfel-Confit abschließen, mit Vinaigrette beträufeln und servieren.

Ergibt 6 Tapas

Salat mit mariniertem Lamm und Brunnenkresse (links)
Lauch mit sommerlicher Gemüse-Vinaigrette (siehe Seite 75)

Gebratene Schweineleber mit Pilzen und Pinienkernen

Salteado de hígado de cochinillo con setas y piñones

3 Lebern vom jungen Schwein, grob gehackt
Olivenöl
50 g Wildpilze, in Scheiben geschnitten
1 Knoblauchzehe, sehr fein gehackt
1 EL Weißweinessig
15 g Pinienkerne

José María bereitet dieses Gericht mit der Leber eines frisch geschlachteten Spanferkels zu. Der kräftige Geschmack kann jedoch die anderen Zutaten leicht überdecken, darum sollte man für ein ausgewogenes Aroma Wildpilze verwenden.

1 Die Schweineleber in etwas Olivenöl braten, beiseite stellen. Die Pilze mit dem Knoblauch in 2 Esslöffeln Olivenöl weich braten. Die Leber dazugeben und nochmals erhitzen.

2 Die Lebermischung auf eine Servierplatte häufen. Mit dem Essig beträufeln, mit den Pinienkernen garnieren und sofort servieren.

Ergibt 6 Tapas

„Die wichtigste Rolle bei meinen Gerichten spielt immer die Hauptzutat – alles andere sind feine Ergänzungen. Kastilien ist eine ernste, selbstbewusste Region, doch mangelt es hier ein wenig an Fantasie, also bin ich vorsichtig."

Millennium-Salat

Ensalada del milenio

1 große Avocado, halbiert, entsteint und geschält
Olivenöl
60 g frischer Ziegen- oder Doppelrahm-Frischkäse, cremig geschlagen
1 rote Paprikaschote, gegrillt, enthäutet und in Streifen geschnitten
1 Bund Brunnenkresse
4 Sardellenfilets, Öl abgegossen
1 EL frische Schnittlauchröllchen

Für die Vinaigrette
1½ EL Weißweinessig
4 EL natives Olivenöl extra
Salz
Frisch gemahlener schwarzer Pfeffer

José Marías letzte Kreation für das neue Jahrtausend ist eine bestechende Kombination verschiedener Aromen und Texturen. Präsentiert wird diese Tapa auf außergewöhnliche Weise: Man schichtet die einzelnen Zutaten zu einem beeindruckenden bunten Turm auf.

1 Mindestens 1 Tag vor dem Servieren die vorbereitete Avocado in einem kleinen Topf mit Olivenöl bedecken und bei niedrigster Hitze 30 Minuten garen, aber nicht kochen. Vom Herd nehmen und über Nacht im Öl stehen lassen.

2 Kurz vor dem Servieren die Avocadohälften aus dem Öl nehmen. Jeweils mit einer dünnen Schicht Käse bestreichen. Die Paprikastreifen darüber legen.

3 Für die Vinaigrette Essig und Öl verquirlen, mit Salz und Pfeffer würzen. Die Brunnenkresse wie ein Nest auf einem Teller anrichten, mit etwas Vinaigrette beträufeln und die Sardellen rautenförmig darüber legen. Die Avocadohälften in das Nest legen, mit Schnittlauch garnieren und mit der übrigen Vinaigrette beträufeln. Die Avocadohälften in Viertel schneiden und sofort servieren.

Ergibt 8 Tapas

Lauch mit sommerlicher Gemüse-Vinaigrette

Puerros del monasterio con vinagreta

12 dünne Lauchstangen, nur die weißen Teile, äußere Blätter und Wurzeln entfernt
Salz
1 EL Olivenöl
1 Zwiebel, fein gehackt
Je 1 kleine rote und grüne Paprikaschote, fein gehackt
100 g Essiggurken, abgegossen und fein gehackt
100 g Kapern, abgegossen oder Salz abgespült und fein gehackt
2 kleine grüne Tomaten, vom Stielansatz befreit und fein gehackt
125 ml natives Olivenöl extra
2 EL Weißweinessig
1 Bund Brunnenkresse

Jahrhundertelang spielte Lauch in der kastilischen Küche nur eine Nebenrolle, doch inzwischen ist er wieder ins Zentrum der Aufmerksamkeit gerückt, vor allem in der Provinz Segovia, wo große Mengen kultiviert werden. Die farbenfrohe Gemüse-Vinaigrette auf den weißen Lauchstangen macht aus dem Gericht eine erfrischende Sommer-Tapa.

1 Die Lauchstangen mindestens 1 Stunde vor dem Servieren in reichlich gesalzenem Wasser mit 1 Esslöffel Olivenöl etwa 12 Minuten garen. Abgießen, abkühlen lassen und längs halbieren.

2 Für die Gemüse-Vinaigrette die Zwiebel, Paprikaschoten, Gurken, Kapern und Tomaten vermischen. Das Olivenöl und den Weißweinessig untermischen, mit Salz abschmecken.

3 Kurz vor dem Servieren den Lauch auf einem Bett aus Brunnenkresse anrichten. Die Gemüse-Vinaigrette darüber verteilen.

Ergibt 6 Tapas

Traditionelle Schweinebraten-Kartoffel-Pfanne aus Segovia

Tentempié tradicional segoviano con patatas nuevas

500 g neue Kartoffeln, geschält und in dünne Scheiben geschnitten
1 große Zwiebel, in dünne Scheiben geschnitten
Olivenöl zum Braten
4 Eier
100 g Schweinebraten, in etwa 1 cm dicke Streifen geschnitten
Salz
Frisch gemahlener schwarzer Pfeffer
4 Scheiben Baguette, geröstet

Dieses herzhafte Wintergericht aus Segovia stammt aus der bäuerlichen Küche direkt aus dem Herzen Altkastiliens. Die wunderbare Kombination von übrig gebliebenem Schweinebraten und neuen Kartoffeln ergab eine sättigende Mahlzeit – genau das Richtige nach harter Feldarbeit. Die Bratkartoffeln sind schnell zubereitet und eignen sich auch zum Brunch oder als Abendessen.

1 In einer Pfanne Kartoffeln und Zwiebel in reichlich Olivenöl bei schwacher Hitze etwa 20 Minuten braten, sodass sie gerade weich sind. Überschüssiges Öl aus der Pfanne gießen und Kartoffeln und Zwiebel leicht bräunen.

2 Die Eier direkt über die Bratkartoffeln aufschlagen. Das Fleisch hinzufügen, mit Salz und Pfeffer kräftig würzen und alles gut vermischen. So lange braten, bis die Eier gestockt sind. Sofort mit dem gerösteten Brot servieren.

Ergibt 4 Tapas

Carlos Martínez, Meay Espinosa Casa Pali, Logroño

Etwa in der Mitte der Calle Laurel, Logroños legendärer Straße der Tapas-Bars, gibt es eine lange, schmale Bar, gewöhnlich gut besucht von Tapas-Liebhabern, die der Spezialität des Hauses, gebratenen Auberginen, nicht widerstehen können. Am frühen Nachmittag und den ganzen Abend hindurch quillt diese schmale Straße förmlich über vor Menschen aller Altersgruppen und Couleurs. Nirgendwo sonst in Spanien ist der tapeo, *die spanische Kneipentour, wohl so beliebt wie hier. Das „Revier" erstreckt sich über nur 200 Meter, und so ist die Konkurrenz zwischen den Küchenchefs groß.*

Die Casa Pali öffnete 1994 ihre Pforten. Carlos Martínez und sein Partner Meay Espinosa hatten festgestellt, dass in Logroño nicht genügend Gemüse-Tapas angeboten wurden. „Wir beschlossen, gesündere Tapas als in den anderen Bars anzubieten, und machten die Aubergine zu unserem Symbol", erinnert sich Carlos. Die Wände der Casa Pali zieren Kunstwerke von der Pop-Art bis zum klassischen Stillleben. „Wir versuchen hier nicht, etwas besonders Kunstvolles zu schaffen, aber unser Angebot unterscheidet sich von den gewöhnlichen Tapas", erklärt Carlos.

Gebratene Spargel-Schinken-Röllchen mit Käse

Espárragos con jamón de York y queso

4 dünne Scheiben gekochter Schinken
4 dünne Scheiben leicht schmelzender, milder halbfester Schnittkäse, etwa der französische Port Salut
4 Spargelspitzen, geschält und gerade weich gegart
1 Ei, verquirlt
Mehl
Olivenöl zum Braten

Die klassische Kombination von Schinken und Käse wird durch das feine Aroma und die besondere Textur von Spargel sogar noch bereichert. In Rioja sind Spargelspitzen aus der Dose so beliebt, dass man nicht unbedingt frischen Spargel besorgen muss. Wer jedoch knackigen frischen Spargel bevorzugt, sollte natürlich nicht darauf verzichten. Die Spargel-Schinken-Röllchen gehören zu den wenigen Tapas aus Logroño, die man mit Messer und Gabel essen muss.

1 Auf je 1 Scheibe Schinken 1 Scheibe Käse und 1 Spargelspitze legen. Jeweils zu einem Zylinder zusammenrollen.

2 Die Spargel-Schinken-Röllchen in das Ei tauchen, im Mehl wenden und in etwas heißem Olivenöl goldbraun braten. Sofort servieren.

Ergibt 4 Tapas

Gebratene Auberginen-Käse-Scheiben

Berenjena con queso

4 dünne Scheiben leicht schmelzender, kräftiger halbfester Schnittkäse, etwa französischer Chaumes, von gleicher Größe wie die länglichen Auberginenscheiben
8 dünne Scheiben Aubergine (längs aufgeschnitten)
Salz
2 Eier, verquirlt
Mehl
Olivenöl zum Braten

Diese Auberginen-Tapa ist die Spezialität der Casa Pali, sie lässt sich leicht und schnell zubereiten. Man kann die Aubergine auch schon vorgaren und erst in der allerletzten Minute fertig braten. Zum Verzehr benötigen die Gäste allerdings kleine Messer und Gabeln.

1 Für jede Tapa wie bei einem Sandwich 1 Scheibe Käse zwischen 2 Auberginenscheiben legen.

2 Die Auberginenscheiben von beiden Seiten mit Salz bestreuen. Zuerst in das Ei tauchen, dann im Mehl wenden. In etwas Olivenöl bei mittlerer Hitze von beiden Seiten goldbraun braten. Heiß servieren.

Ergibt 4 Tapas

Schinkenkroketten

Croquetas de jamón

50 g Butter
175 g Mehl
400 ml Milch
1 kleine Zwiebel, fein gehackt
1 EL Olivenöl
50 g Serrano-Schinken, fein gehackt
Salz
Frisch gemahlener schwarzer Pfeffer
2 Eier, verquirlt, zum Panieren
Feine trockene Semmelbrösel zum Panieren
100 ml Olivenöl zum Ausbacken

Ein Wettstreit um die besten Schinkenkroketten in Spanien wäre nicht sinnvoll, denn im ganzen Land werden sie nur selten zubereitet und noch viel seltener mit Erfolg. Die Kroketten im Casa Pali bilden da eine rühmliche Ausnahme: Hier gelingt die perfekte Kombination einer cremigen Farce mit rauchigem Schinkenaroma unter einer köstlichen Kruste.

1 Die Butter in einer Pfanne zerlassen. Das Mehl einstreuen und 3-4 Minuten unter Rühren anschwitzen, ohne dass es Farbe annimmt. Die Pfanne vom Herd nehmen und die Milch portionsweise unterschlagen. Jede Portion so lange rühren, bis sich eine glatte Sauce bildet. Die Pfanne wieder auf den Herd setzen und die Sauce unter ständigem Rühren zum Kochen bringen. Sie sollte möglichst dick werden. Bei schwacher Hitze 5 Minuten kochen lassen, dabei ab und zu umrühren.

2 Die Zwiebel in dem Olivenöl bei schwacher Hitze weich schwitzen, aber keine Farbe annehmen lassen. Den Schinken hinzugeben.

3 Die Zwiebel-Schinken-Mischung unter die Sauce rühren und kräftig mit Salz und Pfeffer würzen. Die Masse etwa 2 Zentimeter hoch in einen leicht gefetteten Topf füllen, glatt streichen und für mindestens 2 Stunden kalt stellen.

4 Die abgekühlte Masse in kleine Quader schneiden und diese mit den Händen zu länglichen Kroketten formen.

5 Die Kroketten in die verquirlten Eier tauchen und in den Semmelbröseln wälzen. Das Olivenöl zum Ausbacken etwa 8 Zentimeter hoch in einen Topf gießen und erhitzen. Die Kroketten portionsweise im heißen Öl ausbacken, bis sie eine dunkle goldgelbe Farbe bekommen und im Innern gar sind. Am besten mit vorerst nur einer Krokette testen, ob das Öl die richtige Temperatur hat. Die Kroketten dürfen nicht zu schnell bräunen, da sie sonst im Innern noch roh sind.

6 Auf Küchenpapier abtropfen lassen. Heiß oder von Raumtemperatur servieren.

Ergibt 6 Tapas

„Wir beschlossen, gesündere Tapas als in den anderen Bars anzubieten, und machten die Aubergine zu unserem Symbol."

Miguel Reguera García

Momo, Salamanca

Das Anfang 2001 eröffnete Momo mit über 150 Weinsorten und einer abwechslungsreichen Speisekarte mit heißen und kalten Tapas und raciones *ist voller Leben. Hochmoderne Ventilationsrohre neben Kronleuchtern, rote Stühle aus den 1950ern und eine stahlverkleidete Bar sorgen für ein außergewöhnliches Design. Außergewöhnlich ist auch das kulinarische Angebot:* pintxos *im baskischen Stil mit kastilischer Note. „Ich habe gesehen, was Tapas-Bars in San Sebastián und Valladolid anbieten, und beschloss, mir für Salamanca etwas anderes auszudenken", erzählt Miguel Reguera García. Also verbündete er sich mit zwei Partnern, um Momo zu eröffnen. Miguel gibt offen zu, dass er sich bestehende Erfolgsrezepte zunutze gemacht hat, und seine Stärke liegt darin, das wirklich Beste herauszufinden. „Ich mag alles auf meiner Speisekarte, aber manche Gerichte bereiten wir einfach nicht zu, etwa* Tortilla de patatas. *Dazu braucht man eine eigene Kraft, die nur dafür da ist", erklärt er. Stattdessen gibt es zahlreiche Wurstspezialitäten, Ziegen- und Schafkäse, Lauch, Paprikaschoten, Zucchini und Auberginen. Daraus hat Miguel wahre Designer-*Pintxos *mit unvorstellbar guten Dressings kreiert – natürlich alles ganz minimalistisch.*

Pastetchen mit Paprika, Lauch, Sardellen und Frischkäse

Queso, anchoa, pimiento y puerro sobre hojaldre

1 Lauchstange, nur der weiße Teil
4 Sardellenfilets, das Öl abgegossen
½ kleine rote Paprikaschote, gegrillt, enthäutet und in 4 gleich große Streifen geschnitten
4 quadratische Scheiben Blätterteig (10 x 10 cm), gebacken
100 g Doppelrahm-Frischkäse

Eine Tapa, die man mit zwei Bissen verzehren kann, doch macht der Blätterteig sie zu einer reichhaltigen Spezialität. Je nach Geschmack kann man auch eine größere Menge Sardellen und rote Paprika verwenden.

1 Den Lauch längs halbieren und in kochendem Wasser gerade eben weich garen. Abgießen und die Hälften nochmals längs halbieren.

2 Je 1 Sardellenfilet und 1 Streifen Paprikaschote auf ein Blätterteigviereck legen. Vorsichtig mit je einem Viertel von dem Frischkäse bestreichen und mit 1 Stück Lauch bedecken.

3 Für 3-4 Minuten unter den Grill schieben, bis alle Zutaten durch und durch erwärmt sind. Sofort servieren.

Ergibt 4 Tapas

Pastetchen mit Paprika, Lauch, Sardellen und Frischkäse

Schinkentoast mit Artischocke, Dicken Bohnen und alioli *(Seite 88)*

Geröstetes Brot mit foie gras *und Zucchini (nächste Seite)*

Geröstetes Brot mit Frischkäse und Lauch

Puerros con crema de queso

75 g Doppelrahm-Frischkäse
4 EL Sonnenblumenöl
25 ml Milch
2 Scheiben Kastenweißbrot, von der Rinde befreit und halbiert
4 sehr dünne Lauchstangen, längs halbiert, bissfest gegart und abgekühlt
8 Kapern

Der in Kastilien so beliebte Lauch ist hier die wichtigste Zutat, doch der sahnige Frischkäse bildet die ideale Ergänzung dazu.

1 Den Frischkäse mit dem Öl und der Milch in einem Mixer cremig rühren.

2 Die Brotscheiben rösten und je 2 halbe Lauchstangen darauf legen.

3 Die Käsemischung darüber streichen, mit je 2 Kapern an den Enden garnieren.

4 Für 1 Minute unter den heißen Grill schieben. Heiß servieren.

Ergibt 4 Tapas

„Ich habe gesehen, was Tapas-Bars in San Sebastián und Valladolid anbieten, und beschloss, mir für Salamanca etwas anderes auszudenken."

Geröstetes Brot mit foie gras *und Zucchini*

Calabacín con foie gras

20 g foie gras
8 dünne Zucchinischeiben (jeweils 3 mm dick)
Olivenöl
4 Scheiben Baguette
1 EL Bitterorangenmarmelade
Frisch gemahlener schwarzer Pfeffer

Eine ungewöhnliche Geschmackskombination, doch das Ergebnis ist eine wunderbar reichhaltige, äußerst luxuriöse Tapa. Miguel verwendet dafür *foie micuit*, eine Stopfleber mit besonders feinem Aroma. Ist sie nicht erhältlich, kann man jedoch die ganz normale *foie gras* verwenden.

1 Je ein Viertel der *foie gras* zwischen 2 Zucchinischeiben geben. Die Scheiben mit etwas Olivenöl bestreichen und von beiden Seiten je 3 Minuten grillen.

2 Die Weißbrotscheiben rösten. Jeweils mit etwas Marmelade bestreichen und je 1 Päckchen Zucchini darauf setzen. Mit Pfeffer übermahlen und sofort servieren.

Ergibt 4 Tapas

GAMBAS
SOLOMILLO
ATÚN
ANCHOA
BOLETUS CON JAMÓN
QUESO DE CABRA
PIQUILLO CON GAMBAS
PIQUILLO CON SOLOMILLO
MEDALLÓN DE SOLOMILLO
CALABACÍN CON FOIE
LACÓN, ALCACHOFAS Y HABITAS
JAMÓN IBERICO, HABITAS Y SALMÓN
CECINA DE MORUCHA

Schinkentoast mit Artischocke, Dicken Bohnen und alioli

Jamón, alcachofa y habitas con alioli

4 Scheiben Baguette, schräg abgeschnitten
100 g Serrano-Schinken
12 Dicke Bohnen, gegart und abgegossen
1 Artischockenherz, gegart, abgegossen und in 4 Scheiben geschnitten
125 g Momos alioli *(siehe Rezept unten)*
Paprikapulver

Diese und die folgende Tapa lassen sich gemeinsam bereiten – nur der Belag des gerösteten Brots wird variiert. Die Zubereitung ist einfach, und die dicke Schicht *alioli* verdeckt die unterschiedlichen Zutaten.

1 Die Brotscheiben rösten und mit je einem Viertel des Schinkens so belegen, dass dieser nicht übersteht. Je 3 Dicke Bohnen und 1 Stück Artischocke darauf geben.

2 Die Brote jeweils mit einer großzügigen Menge *alioli* bestreichen, mit Paprikapulver bestäuben. Für 15–20 Sekunden unter den sehr heißen Grill schieben.

Ergibt 4 Tapas

Schinkentoast mit Dicken Bohnen, Räucherlachs und alioli

Jamón, salmón, habitas con alioli y queso

4 Scheiben Baguette, schräg abgeschnitten
1 Scheibe gekochter Schinken
12 Dicke Bohnen, gegart und abgegossen
125 ml Momos alioli *(siehe Rezept unten)*
1 Scheibe Räucherlachs, gehackt

Räucherlachs ist eine beliebte Zutat für Tapas. Hier sollte man den besten verwenden, den man bekommen kann.

1 Die Brotscheiben rösten und mit je einem Viertel des gekochten Schinkens so belegen, dass dieser nicht übersteht. Je 3 Dicke Bohnen darauf geben.

2 Die Brote jeweils mit einer großzügigen Menge *alioli* bestreichen und mit etwas Räucherlachs garnieren. Für 15–20 Sekunden unter den heißen Grill schieben.

Ergibt 4 Tapas

Momos alioli

Momo's alioli

75 g Doppelrahm-Frischkäse
2 Knoblauchzehen
4 EL Sonnenblumenöl
25 ml Milch

***Alioli* sollte stets so frisch wie möglich sein, darum wird sie am besten erst kurz vor der Verwendung zubereitet.**

1 Sämtliche Zutaten in einen Mixer füllen und cremig rühren.

Für 4 Tapas

MADRID

José Angel Valladeres
Paloma Tatay
Andrés Goméz
Fernando Estrada
Albur

Luis Benavente
Bocaito

Joaquín Campos
Casa Matute

José Luis Ruiz Solaguren
José Luis

Madrid ist zwar die politische Hauptstadt Spaniens, doch gleichzeitig auch eine der jüngsten Städte des Landes. Erst in den 60er-Jahren des 16. Jahrhunderts machten die neuen Habsburger Könige Madrid zur Hauptstadt, die sich darum nicht der gleichen historischen Bedeutung wie die anderen großen spanischen Städte rühmen kann. Ebenso wenig kann die Stadt mit einer regionaltypischen Küche aufwarten. Doch sorgten Zuwanderer aus allen Ecken der Iberischen Halbinsel für eine kosmopolitische Bevölkerung der wachsenden Metropole, deren Einwohnerzahl sich seit den 1950er-Jahren verdreifacht hat.

Aus ihren Heimatregionen – von Galicien bis Andalusien und Extremadura – brachten diese neuen Bürger ihre kulinarischen Schätze mit, die heute in einer wahren Flut von Spezialitätenrestaurants und Tapas-Bars, in den Geschäften und auf den Märkten der Stadt angeboten werden. Denn enorme Verbesserungen der Infrastruktur Spaniens haben in den letzten fünfzehn Jahren Madrids Stellung als gastronomisches Herz der Nation gefestigt. Alle spanischen Straßen – voller Lastwagen mit Lebensmitteln – führen nach Madrid. Aus diesem Grund arbeiten auch die meisten angehenden Küchenchefs, ganz egal, woher sie kommen, eine Zeit lang in den Restaurantküchen der Hauptstadt, ehe sie in der Regel wieder in ihre geliebten Heimatstädte zurückkehren.

In der elektrisierenden Luft der Hauptstadt nahm in den 1980er Jahren auch die *movida madrileña*, die wieder belebende „Madrid-Bewegung" des Post-Franco-Spaniens, ihren Anfang. Sie brachte große Veränderungen in Bezug auf politische Perspektiven, kulturelle Entwicklung und Freiheit sowie gesellschaftliche Verhaltensmuster. Die *madrileños* drehten das Gas in ihren Öfen auf, füllten ihre Kühlschränke und öffneten sich allem, was man ihnen während der vielen Jahrzehnte der Repression verwehrt hatte. Avocados, Brokkoli, Himbeeren – vor Ende der 1970er-Jahre hatte man dergleichen nicht gekannt. Und so wurde ein vielfältiges Lebensmittelangebot zu einem unverzichtbaren Bestandteil des revolutionären Programms von „Sex, Drugs and Rock 'n' Roll". Ebenso wie New York und New Orleans wurde nun auch Madrid zu einer Stadt, die niemals schläft.

„Bei jedem lokalen Lebensmittelhändler findet man eine umwerfende Auswahl an Produkten aller Regionen des Landes. Kraken aus dem windgepeitschten Galicien werden auf Marktständen feilgeboten und leuchtende Orangen aus Valencia in Frühstücks-Cafés ganz frisch ausgepresst."

Bei jedem lokalen Lebensmittelhändler findet man eine umwerfende Auswahl an frischen, vakuumverpackten, in Flaschen oder Dosen erhältlichen Produkten aller Regionen des Landes. Große Kraken aus dem windgepeitschten Galicien werden auf Marktständen feilgeboten, kleine Stücke *mojama* (eingelegter Thunfisch) bekommt man zu einem Glas *fino*, glänzende andalusische Oliven stehen praktisch auf jeder Theke, und leuchtende Orangen aus Valencia werden in Frühstücks-Cafés ganz frisch ausgepresst. Bloß das Hühnerei verdient diesen Namen nur mit Einschränkung, denn die spanische *tortilla* wird nicht immer aus frischen Eiern zubereitet, sondern oft aus Pulverextrakt. Diese neue Umsetzung von Gesundheitsbestimmungen mag für Puristen eine Enttäuschung sein, verhindert in den glühend heißen Sommern jedoch die Entstehung von Salmonellen.

Darüber hinaus gibt es *jamón* und *bacalao*, die seit Jahrhunderten auf die gleiche Weise gepökelt und getrocknet werden. Ganze Legionen von *jamón serrano* (spanischer Serrano-Schinken stammt meist von weißen Schweinen) und *jamón ibérico* (von schwarzen Schweinen und noch besser als Serrano) hängen dekorativ hinter den Theken im Zentrum von Madrid. In der Stadt gibt es sogar eine Reihe von „Schinkenmuseen", und unsterblich wurde der *jamón* durch ein Bild aus dem 18. Jahrhundert, das von dem Künstler Luis Eugenio Meléndez signiert ist und in den heiligen Hallen des Prado hängt. *Jamón* wird stets auf unprätentiöse Weise serviert - er überzeugt durch seinen Geschmack.

Eine ebenso wichtige Rolle wie *jamón* spielt *bacalao* oder auch Klippfisch, der schon zu manch fanatischer Konfrontation zwischen galicischen, kantabrischen oder baskischen Fischern mit ihren Kollegen aus Cornwall oder der Bretagne geführt hat. Von baskischen Fischern vor fünfhundert Jahren in Spanien eingeführt, eroberte die hoch geschätzte Spezialität schnell das gesamte Land, einschließlich Madrid. Das weiße, blättrige Fleisch wird für *soldaditos* im Teigmantel frittiert, zu geräucherter *bacalao pâté* oder zu zarten Kroketten verarbeitet. Im Zentrum von Madrid drängt sich gegen 13.30 Uhr an einem Wochentag eine bunte Menge von Geschäftsleuten, älteren Damen, Arbeitern und lässigen Teenagern in hungriger Eintracht in die Casa Labra, eine Bar von elegant verblasstem Glanz. Und warum? Nur hier werden in Madrid noch traditionelle frisch gebratene *soldaditos* (mit dem ulkigen Namen „Kleine Soldaten aus Pavia") angeboten sowie Kroketten mit einer cremigen Füllung aus dem herrlichen Fisch. Und mit einem Mal wird es sogar historisch, wenn wir nämlich erfahren, dass die Bar ein Jahrzehnt nach ihrer Eröffnung im Jahr 1869 Schauplatz der Gründung der Sozialistischen Partei Spaniens war.

Wenn Madrid ein typisches Gericht besitzt, dann den *cocido*. Dieser langsam gegarte Eintopf aus Fleisch, Wurst, Kichererbsen und Gemüse, dessen Bestandteile in verschiedenen Gängen separat verzehrt werden, verdeutlicht die Vorliebe für gehaltvolle Speisen in den kalten Wintern der Hauptstadt. Man kann aber durchaus auch auf einen schlanken Jugendlichen treffen, der einen ganzen *cocido* mitten im Sommer verschlingt, so groß ist die Begeisterung der *madrileños* für dieses Gericht. Eine Tapa, die daraus entstanden ist, heißt *caldo:* eine Tasse heiße Fleischbrühe, die man vor dem Genuss von Alkohol und einem größeren Imbiss zu sich nimmt. Dafür sollte man sich allerdings in das Lhardy begeben, das seit 1839 den ultimativen *caldo* aus einem reich verzierten Samowar serviert. Eine weitere beliebte Spezialität sind Kutteln, zum Beispiel in *callos a la madrileña*, einem Kutteleintopf mit *chorizo* und Chilis, der in kleinen Portionen in vielen Tapas-Bars gegessen wird.

Wenn man bedenkt, dass Madrid ein Schmelztiegel für die Produkte aus ganz Spanien ist, ahnt man, dass die Liste der Madrider Tapas endlos so weitergehen könnte. Ein paar davon sollte man auf alle Fälle selbst ausprobieren.

José Angel Valladeres
Paloma Tatay
Andrés Goméz
Fernando Estrada Albur, Madrid

Die Lage der Bar im Malaseña-Distrikt hat dazu beigetragen, dass das Albur zu einem Treffpunkt für unterschiedlichste soziale Gruppen geworden ist. Junge Akademiker, politicos *und Handwerker sitzen bunt durcheinander an der langen Bar oder den Tischen im hinteren Teil. Ab 14.30 Uhr kommt man kaum noch hinein, denn die neue Speisekarte ist ein echter Magnet.*

Mini (so der Spitzname von José Angel Valladeres) ist der Sprecher der Besitzer. Der überschwängliche Mann aus einem entlegenen Tal in Altkastilien gründete das Albur zusammen mit Paloma Tatay, Andrés Goméz und Fernando Estrada, der als Einziger schon einmal ein Restaurant geführt hatte. Dieses Team ersann eine Tapas-Speisekarte, die sich zwischen morcilla *(Blutwurst) und 14 Monate alter* cecina *(getrocknetes Rindfleisch) aus León sowie Käse aus La Serena in Extremadura und Schnecken aus Girona hin und her bewegt.*

„Wir halten nach den besten Produkten im Land Ausschau und bestellen sie dann direkt bei den Erzeugern, das ist viel billiger", erklärt Mini. „Als wir 1995 eröffneten, wurden in den meisten Tapas-Bars von Madrid Manchego-Gerichte serviert, darum beschlossen wir, das Beste aus den einzelnen Regionen hierher zu bringen. Auf Kastilisch bedeutet albur *‚eine Wette abschließen' und im übertragenen Sinn ‚Risiken eingehen' oder ‚Glück haben'. Im mexikanischen Spanisch wurde daraus ‚ein Spiel mit Worten' ", erklärt Mini. „Das Wort ging also mit unseren Ahnen auf die Reise und kam in veränderter Form zurück. So bauen wir auf Bekanntem auf, suchen nach neuen Wegen und riskieren etwas Neues. Bisher hatten wir Glück."*

Champignons in Petersiliensauce
Champiñónes en salsa verde

100 ml natives Olivenöl extra
6 Knoblauchzehen, sehr fein gehackt
½ frische rote Chilischote, von Stielansatz, Samen und Scheidewänden befreit und gehackt, oder 2 getrocknete Chilischoten
1 kg frische weiße Champignons, geputzt und halbiert oder geviertelt (je nach Größe)
Salz
Frisch gemahlener schwarzer Pfeffer
1 EL Mehl

Für die Sauce
2 Knoblauchzehen, sehr fein gehackt
1 kleines Bund frische glatte Petersilie, nur die Blätter fein gehackt
100 ml Weißwein
Salz
Frisch gemahlener schwarzer Pfeffer

Das Albur serviert diese Tapa in flachen Terrakottaschalen – das ideale Geschirr für die saftigen Pilze mit der grünen Sauce. Die Zutaten für dieses schmackhafte Gericht bekommt man das ganze Jahr hindurch.

1 Für die Sauce den Knoblauch und die Petersilie mit dem Weißwein, Salz und Pfeffer in einer kleinen Schüssel gründlich verrühren und beiseite stellen.

2 Das Olivenöl in eine Kasserolle gießen. Den Knoblauch hineingeben und bei schwacher Hitze weich braten. Chili und die Pilze hinzufügen und bei starker Hitze unter ständigem Rühren braten, bis die Pilze ihren Saft abgegeben haben. Mit Salz und Pfeffer würzen.
Bei mittlerer Hitze etwa 10 Minuten köcheln lassen, bis der ausgetretene Pilzsaft eingekocht ist. Dabei gelegentlich umrühren.

3 Das Mehl über die Pilze streuen und gut unterrühren. Vom Herd nehmen und die Sauce unter Rühren so langsam hinzugießen, dass sich alles gut verbindet. Die Kasserolle wieder auf den Herd stellen und die Mischung nochmals aufkochen, dabei ständig rühren. 5 Minuten köcheln lassen, bis eine relativ dicke Sauce entstanden ist. Bei Bedarf zum Verdünnen etwas Wasser dazugießen. Heiß servieren.

Ergibt 8 Tapas

Miesmuscheln in pikanter Sauce
Mejillones en salsa picante

4 Lorbeerblätter
Salz
1 kg Miesmuscheln, unter fließendem kaltem Wasser abgebürstet und entbartet (Muscheln, die sich nicht schließen, wegwerfen)
50 ml Olivenöl
1 große Zwiebel, gehackt
6 Knoblauchzehen, sehr fein gehackt
½ frische rote Chilischote, von Stielansatz, Samen und Scheidewänden befreit und fein gehackt
1 TL Mehl
1½ TL scharfes geräuchertes spanisches Paprikapulver (pimentón de la Vera)
Frisch gemahlener schwarzer Pfeffer
100 g Cebreiro-*Käse oder ein ähnlich kräftiger Käse, der gut schmilzt, gerieben*

Bei diesem Gericht ist es wichtig, mit dem Grillen bis kurz vor dem Servieren zu warten. Die Miesmuscheln sollten schwer, saftig und ganz frisch sein, der Käse sollte reif sein und ein intensives, fast scharfes Aroma mitbringen.

1 Etwa 100 Milliliter Wasser in einem tiefen, schweren Topf mit 2 Lorbeerblättern und 1 Prise Salz aufkochen. Die Muscheln hinzufügen und zugedeckt 4–5 Minuten dämpfen, bis sich die Schalen öffnen.

2 Die Muscheln aus dem Topf nehmen, ungeöffnete Exemplare wegwerfen. Den Muschelsud abseihen. Die oberen Schalen der Muscheln entfernen und ebenfalls wegwerfen. Die Muscheln in den unteren Schalen in eine flache, feuerfeste Form setzen und etwas von dem Muschelsud darüber gießen. Beiseite stellen.

3 Das Öl in einer großen Pfanne erhitzen. Zwiebel, Knoblauch, Chili und die restlichen Lorbeerblätter bei schwacher Hitze darin anschwitzen, bis die Zwiebel eine goldgelbe Farbe annimmt.

4 Das Mehl und das Paprikapulver einstreuen und 1 Minute unter Rühren weiterschwitzen.

5 Die Pfanne vom Herd nehmen und langsam etwas von dem restlichen Muschelsud dazugießen, dabei ständig rühren. Die Pfanne wieder auf den Herd setzen und die Sauce leicht einkochen lassen. Mit Salz und Pfeffer würzen, vom Herd nehmen und im Mixer glatt rühren.

6 Die Sauce wieder in die Pfanne gießen, die Muscheln hinzufügen, 3–4 Minuten durchwärmen und mit der Sauce in einer Servierschüssel anrichten. Mit dem Käse bestreuen und unter dem Grill bei mittlerer Hitze leicht überbacken, bis der Käse schmilzt. Sofort servieren.

Ergibt 4 Tapas

Rote Paprikaschoten mit Blutwurstfüllung

Pimientos rellenos de morcilla

8 kleine rote Paprikaschoten (vorzugsweise Piquillo, auch aus der Dose) oder 4 normale rote Paprikaschoten
Olivenöl
200 g Blutwurst (vorzugsweise aus León)
1 Ei, verquirlt
2 frische Basilikumblätter, fein gehackt
25 g Butter
2 EL Mehl
150 ml Milch
75 g Kichererbsen, gegart, abgegossen und püriert
½ TL gemahlener Ingwer
Salz
Frisch gemahlener schwarzer Pfeffer
15 g Pinienkerne

In Spanien gibt es zahllose Sorten Blutwurst, andere Länder sind da weniger erfindungsreich. Die Kombination von dunkler Blutwurst und frischer roter Paprikaschote ist typisch spanisch. Im Albur wird das klassische Gericht dank Basilikum, Ingwer und Pinienkernen zu einer Geschmackssensation.

1 Wird *Piquillo*-Paprika aus der Dose verwendet, die Schoten abgießen und halbieren. Frische Schoten mit Öl bestreichen und grillen, bis sie weich sind und schwarze Blasen werfen. Leicht abkühlen lassen. Die Haut abziehen, die Schoten halbieren und Stielansatz, Samen und Scheidewände entfernen.

2 Die Blutwurst ohne Fettzugabe in der Pfanne braten und dabei mit einem Holzlöffel in kleine Stücke zerteilen. Vom Herd nehmen. Das Ei unterrühren, bis es gestockt ist. Das Basilikum untermischen. Beiseite stellen.

3 Die Butter zerlassen und das Mehl darin anschwitzen. Vom Herd nehmen und unter kräftigem Schlagen die Milch dazugießen. Unter Rühren aufkochen, bis die Sauce bindet. Die Kichererbsen hinzufügen. Mit Ingwer, Salz und Pfeffer würzen und 4 Minuten köcheln lassen. In eine flache, feuerfeste Form gießen.

4 Die Paprikahälften mit der Blutwurstmischung füllen, in die Sauce setzen und mit den Pinienkernen bestreuen. Im vorgeheizten Ofen bei 180 °C (Umluft 160 °C) 10 Minuten backen. Heiß servieren.

Ergibt 8 Tapas

Lammeintopf

Calderata de cordero

2 EL Olivenöl
Je 350 g Lammfleisch aus Keule und Schulter, gewürfelt
Salz, schwarzer Pfeffer, Mehl
1 große Zwiebel, grob gehackt
Je 1 rote und grüne Paprikaschote sowie ½ rote Chilischote, von Stielansatz, Samen und Scheidewänden befreit, grob gehackt
4 Knoblauchzehen, gehackt
1½ TL scharfes geräuchertes spanisches Paprikapulver (pimentón de la Vera)
Je 1 TL gehackter Thymian und Rosmarin, 1 Lorbeerblatt
400 ml trockener Weißwein

Dieses Gericht zeigt, dass Lamm in vielen Teilen Nordspaniens immer noch ganz hoch im Kurs steht. Der Eintopf eignet sich auch gut als Hauptgericht. Dafür einfach eine größere Menge zubereiten und Kartoffeln als Beilage reichen. Die verschiedenen Teile vom Lamm verbessern den Geschmack und die Konsistenz.

1 Das Olivenöl in einer Kasserolle erhitzen. Die Lammwürfel salzen, pfeffern und in Mehl wenden. Rundum in dem heißen Olivenöl anbraten. Mit einem Schaumlöffel herausnehmen.

2 Die Zwiebel, die Paprikaschoten, Chili und Knoblauch in die Kasserolle geben und in dem verbliebenen Öl weich braten.

3 Das Paprikapulver unterrühren, das Fleisch, die Kräuter und den Weißwein hinzufügen. Mit Salz und Pfeffer würzen und aufkochen. Sofort auf niedrigste Temperatur schalten und das Fleisch in 1–1½ Stunden sehr weich schmoren. In einer flachen Steingutschüssel servieren.

Ergibt 6 Tapas

Luis Benavente   Bocaito, Madrid

Luis Benavente ist ein gebürtiger madrileño. Schon mit 14 Jahren wusch er Teller in Restaurants, und 1966 eröffnete er seine eigene Tapas-Bar. Seitdem ist die 150 Jahre alte Bar im ehemals heruntergekommenen Chueca-Distrikt renoviert und zweimal seitlich erweitert worden. Die Originalausstattung im andalusischen Stil hat sich jedoch kaum verändert. Hier gibt es Bier vom Fass, von der Decke hängende Schinken, Netze mit Knoblauch und riesige Gläser mit Oliven. Durch eine Luke zur Küche kann man Ana beobachten, Luis jüngste Köchin, die aus Keramikschalen Zutaten in die entsprechenden Töpfe wirft. All dies trägt zur zeitlosen Atmosphäre des Bocaito bei, was auch für die umfangreiche Speisekarte mit Tapas und raciones gilt, bei denen es sich meist um traditionelle oder regionale Spezialitäten handelt.

„Die Qualität der Zutaten ist das Allerwichtigste", erklärt Luis. „Auch wenn man etwas mehr Geld ausgeben muss. Die Zubereitung erfolgt dann möglichst schonend." Die zahlreichen Stammgäste aus den Provinzen kommen wegen Luis großer Auswahl an Fisch und Meeresfrüchten und wegen der fünfzehn verschiedenen Eiergerichte, die in Madrid immer seltener werden. Das Bocaito gehört zu den wenigen Bars, die noch frisch zubereitete tortillas (Omeletts) sowie Rühr- und Spiegeleier servieren. Und der Erfolg bestätigt Luis' erklärtes Ziel: „Die Menschen sollen sich in meiner Bar zu Hause fühlen."

Gebratene Lammnieren

Riñones de cordero lechal plancha

500 g Lammnieren, enthäutet und mit dem Fett halbiert
Salz
Frisch gemahlener weißer Pfeffer
1 EL frisch gepresster Zitronensaft

Je einfacher ein Gericht ist, umso besser schmeckt es, und dies ist ein klassisches Beispiel dafür. Wichtig sind Lammnieren von bester Qualität. Langsam gebraten ergeben sie ein herrlich saftiges Geschmackserlebnis.

1 Die Nieren mit der Schnittseite nach unten in eine heiße Grillpfanne legen und goldbraun anbraten.
Die Nieren wenden, mit dem ausgetretenen Fett begießen und in etwa 10 Minuten fertig braten.

2 Mit Salz und Pfeffer würzen und vor dem Servieren mit Zitronensaft beträufeln.

Ergibt 6 Tapas

Nieren in Sherrysauce
Riñones al jerez

Olivenöl zum Braten
500 g Lammnieren, enthäutet und geviertelt
1 mittelgroße Zwiebel, in dünne Scheiben geschnitten
100 ml trockener Sherry
Salz
Frisch gemahlener schwarzer Pfeffer
1 EL fein gehackte frische Petersilie
1 Knoblauchzehe, sehr fein gehackt

Wer intensive Aromen schätzt, sollte dieses traditionelle südspanische Gericht probieren. Ein kräftiger Wein ist die ideale Ergänzung.

1 Etwas Öl in einer Pfanne erhitzen und die Nieren zügig darin anbraten, damit sie ihr starkes Aroma verlieren. Vom Herd nehmen und den ausgetretenen Saft weggießen.

2 Die Zwiebel in einer weiteren Pfanne in etwas Olivenöl weich schwitzen. Die Nieren und den Sherry hinzufügen, mit Salz und Pfeffer würzen. So lange schmoren lassen, bis die Nieren gar sind und die Sauce leicht eingekocht ist.

3 Die Nieren mit der Sauce auf einer Servierplatte anrichten und mit gehackter Petersilie und Knoblauch garnieren.

Ergibt 6 Tapas

„Die Qualität der Zutaten ist das Allerwichtigste", erklärt Luis. „Auch wenn man etwas mehr Geld ausgeben muss. Die Zubereitung erfolgt dann möglichst schonend."

*Knoblauch-*Tortilla *mit Dicken Bohnen und Schinken*
Tortilla de ajetes, habitas y jamón

50 g junger, zarter Knoblauch, sehr fein gehackt
Olivenöl zum Braten
50 g kleine, junge Dicke Bohnen, gegart
40 g Serrano-Schinken, in dünne Streifen geschnitten
3 Eier, gut verquirlt
Salz
Frisch gemahlener schwarzer Pfeffer

Eine aromatische Variante der klassischen spanischen *tortilla* mit Kartoffeln, die man am besten von Raumtemperatur servieren sollte.

1 Den Knoblauch in einer mittelgroßen Pfanne in etwas Olivenöl braten, bis er weich ist und eine goldgelbe Farbe angenommen hat. Die Bohnen und den Schinken untermischen.

2 Die Eier gleichmäßig darüber verteilen, mit Salz und Pfeffer würzen und alles 3–4 Minuten braten, sodass ein festes, aber noch saftiges Omelett entsteht. Auf Raumtemperatur abkühlen lassen. In dreieckige Stücke schneiden und servieren.

Ergibt 4 Tapas

Avocado mit geräuchertem Fisch

Aguacate al humo

4 Avocados
2 Salatherzen (etwa von Römischem Salat), quer in schmale Streifen geschnitten
100 ml Mayonnaise
Salz
Frisch gemahlener weißer Pfeffer
Je 50 g Räucherlachs, geräucherte Forelle, geräucherter Aal und geräucherte Sardelle, in dünne Streifen geschnitten
1 mittelgroße Möhre, fein geraspelt
6 EL natives Olivenöl extra
1 EL Weißweinessig

Zum spanischen Essen gehört Mayonnaise, und das gilt ganz besonders für dieses Gericht. Die weiche Konsistenz der Mayonnaise bildet den perfekten Kontrast zum knackigen Salat, und ihr zartes Aroma harmoniert bestens mit dem geräucherten Fisch. Auch hier sollte man Luis Benaventes Rat befolgen und nur beste Produkte verwenden.

1 Die Avocados halbieren und entsteinen. Das Fruchtfleisch mit dem Kugelausstecher auslösen und die Kugeln wieder zurück in die leeren Schalen füllen.

2 Die Salatstreifen mit der Mayonnaise vermischen und mit Salz und Pfeffer würzen. Jeweils eine großzügige Portion auf die Avocadokugeln setzen.

3 Über die Salatmischung jeweils einige Streifen aller geräucherten Fischsorten legen.

4 Die geraspelte Möhre mit dem Olivenöl und dem Weißweinessig vermischen und mit etwas Salz und Pfeffer würzen. Die Avocadohälften auf einer Platte anrichten und die Möhrenmischung darüber verteilen.

Ergibt 8 Tapas

Joaquín Campos Casa Matute, Madrid

An seinem Bar-Restaurant in der Nähe der Plaza Santa Ana hat Joaquín Campos „Die zehn Gebote der Casa Matute" aufgehängt. Dabei handelt es sich um zehn von ihm empfohlene Tapas und raciones sowie einen zusätzlichen elften Tipp für das rechte Maß. Darunter zitiert er den Liedermacher Antonio Arias: „Die perfekte Kontemplation bedeutet, nicht zu wissen, wohin man gerade blickt; wer sein Ziel nicht kennt, unternimmt die perfekte Reise." Das ist eine gute Beschreibung von Joaquíns gastronomischer Philosophie des spontanen und unerschrockenen Experimentierens. Und mit einer weiteren Maxime, „Veränderung ist Beständigkeit", kennt man schon den Schlüssel zu einer seiner großen Leidenschaften, dem Essen. Die andere ist das Kino, und so stammt der Ausspruch auch von José Val del Omar, einem avantgardistischen Filmemacher und Poeten aus den 1930er-Jahren. Für Joaquín haben Speisen eine kinematographische Qualität: Es geht um Farbe, Komposition, Handlung – und Poesie.

Der Küchenchef mit Sinn für Kultur ist sich der praktischen Seite des Kochens aber wohl bewusst. „Ich vermische gern verschiedene Geschmacksrichtungen, etwa süß und sauer, und kontrastiere intensive Aromen." Das Ergebnis sind wunderbar reichhaltige Gerichte, die alle kulinarischen Wünsche erfüllen. Zu jeder Tapa weiß der energiegeladene Joaquín auch stets die richtige Weinempfehlung zu geben, denn in seiner Bar stehen über 85 Sorten aus ganz Spanien. „Ich versuche, die Leute zum Experimentieren zu ermuntern", erklärt er.

Obwohl erst 27 Jahre alt, hat Joaquín schon in einigen der besten Madrider Restaurantküchen gearbeitet. Er schwenkte Töpfe und Pfannen in Segovia und reiste durch Amerika sowie die Mittelmeerregion. Sein Interesse am Reisen spiegelt auch seine Speisekarte wider: Norwegische Heringe finden sich neben italienischem Provolone. Doch bei aller Vielfalt sind Qualität und Frische für Joaquín das Wichtigste.

Gebackener Thunfisch mit Ingwerreis

Ventresca de atún confitada con arroz à la crème de gingembre

15 g Butter
½ TL fein gehackter frischer Ingwer
50 g Langkornreis
3 EL Sahne
2 EL fein gehackte frische Petersilie, zusätzlich 1 EL zum Garnieren
Salz
Frisch gemahlener weißer Pfeffer
250 g Thunfisch, enthäutet und filetiert
2 EL fein gehackte rote Zwiebel
Natives Olivenöl extra

Der zarte frische Fisch und die süße rote Zwiebel harmonieren bestens mit dem feinen Ingweraroma des Reises. Die Backzeit für den Fisch muss unbedingt eingehalten werden, damit er nicht seine schöne Farbe und die blättrige Textur verliert. Zum Servieren ist eine große Servierplatte ebenso gut geeignet wie kleine flache Schalen. Erhöht man die Menge der Zutaten, ergibt diese Tapa auch ein gutes Hauptgericht.

1 Die Butter in einem Topf zerlassen und den Ingwer etwa 1 Minute darin braten. Den Reis einstreuen, gleichmäßig verrühren, bis alle Reiskörner mit Butter überzogen sind, und 100 Milliliter Wasser (bei Bedarf mehr) hinzugießen. Aufkochen und den Reis bei schwacher Hitze zugedeckt in etwa 15 Minuten bissfest garen. Das Wasser sollte vollständig aufgesogen sein. Die Sahne und die Petersilie untermischen, mit Salz und Pfeffer abschmecken. Warm halten.

2 Den Backofen auf 170 °C (Umluft 150 °C) vorheizen. Den Thunfisch in 4 gleich große Stücke schneiden und nebeneinander in eine leicht geölte, feuerfeste Form legen. Gut mit Alufolie abdecken und 8 Minuten im Ofen backen.

3 Den Thunfisch aus dem Ofen nehmen und leicht salzen. Die Stücke ringförmig auf einer Servierplatte anrichten, sodass in der Mitte genügend Platz für den Reis verbleibt. Die Thunfischstücke mit der gehackten Zwiebel und der restlichen Petersilie bestreuen. Zuletzt etwas Olivenöl darüber träufeln.

4 Den Ingwerreis in der Mitte der Platte arrangieren und die Tapa sofort servieren.

Ergibt 4 Tapas

Dicke-Bohnen-Schinken-Salat
Habitas con jamón en concha de achicoria

*200 g frische oder
150 g getrocknete Dicke Bohnen
1 großes, ganz frisches Blatt Radicchio
Olivenöl zum Braten
2 Knoblauchzehen, in dünne Scheiben geschnitten
100 g jamón ibérico oder Serrano-Schinken, in dicke Scheiben und dann in dünne Streifen geschnitten
Salz
2 TL fein gehackte frische Petersilie*

Hülsenfrüchte sind in Zentralspanien sehr beliebt, doch für dieses Gericht hat Joaquín Campos die Menge ein wenig reduziert und betont mit dem roten Salatblatt die optische Wirkung.

1 Werden frische Dicke Bohnen verwendet, diese in 2–5 Minuten in wenig Wasser garen (je frischer die Bohnen, desto kürzer die Garzeit). Getrocknete Dicke Bohnen über Nacht in Wasser einweichen, mit frischem Wasser bedecken und in 1–1 1/2 Stunden weich garen. Die frischen oder getrockneten gegarten Bohnen abgießen, abkühlen lassen und behutsam aus ihrer Haut drücken.

2 Das Radicchioblatt für etwa 15 Minuten in eine Schale mit Eiswasser legen, bis es eine kräftigere Farbe und Struktur bekommt.

3 Etwas Öl in eine mittelgroße Pfanne gießen und den Knoblauch darin bei schwacher Hitze hellgolden braten. Den Schinken 10 Sekunden mitbraten. Die Dicken Bohnen dazugeben, salzen. Unter gelegentlichem Rühren gleichmäßig erhitzen.

4 In der Zwischenzeit das Radicchioblatt aus dem Wasser nehmen, trockentupfen und auf eine Servierplatte legen. Die Bohnenmischung auf dem Blatt und auch ein wenig auf dem Teller verteilen. Mit Petersilie bestreuen und servieren.

Ergibt 4 Tapas

Entenleber mit Sherrysauce
Foie fresco al Pedro Ximénez

*225 ml süßer Sherry, am besten Pedro Ximénez
300 g frische Entenleber, in 4 dünne Scheiben geschnitten
Salz*

Entenleber besitzt eine feine Textur und einen intensiveren Geschmack als Hühnerleber, doch kann man für dieses Gericht auch Hühnerleber verwenden. Durch die süße Sherrysauce wird daraus eine delikate Tapa oder Vorspeise mit einer deutlichen andalusischen Note. Diese Tapa ist genauso schnell zubereitet wie serviert.

1 Den Sherry für die Sauce bei sehr starker Hitze kochen, bis er zu schäumen beginnt. Bei schwächerer Hitze zu einer dicken Sauce einkochen lassen, anschließend vom Herd nehmen.

2 Die Leberscheiben in einer heißen Pfanne ohne Fett von beiden Seiten jeweils etwa 1 Minute braten, bis die Poren geschlossen sind und die Oberfläche leicht gebräunt ist. Auf einer Servierplatte anrichten, mit der Sherrysauce begießen und mit Salz bestreuen. Sofort servieren.

Ergibt 4 Tapas

ESTADIO SANTIAGO
COPA DE LA UEFA
F. C. INTERNAZIONALE
TENTACIONES

Ausgebackener Ziegenkäse mit Honig

Queso de cabra frito con miel

3 mittelgroße süße rote Zwiebeln, in sehr dünne Scheiben geschnitten
Olivenöl zum Braten und Ausbacken
50 g Zucker
150 g runder Ziegenkäse
1 Ei, verquirlt
Mehl
2 EL flüssiger milder Honig
2 EL fein gehackte frische Petersilie
2 frische Schnittlauchstängel

Eine exquisite, obwohl recht gehaltvolle Tapa der *nueva cocina*. Der heiße Ziegenkäse bildet einen delikaten Kontrast zu den kalten karamellisierten Zwiebeln. Der Honig sollte jedoch kein zu intensives Aroma haben, um den feinen Käsegeschmack nicht zu überdecken, und er muss flüssig sein, damit er sich leicht verteilen lässt. Die Petersilie kann man auch weglassen, doch sorgt sie für zusätzliche Farbe.

1 Die Garnitur einige Stunden vor dem Servieren zubereiten. Dafür die Zwiebeln in 3 Esslöffel Olivenöl bei schwacher Hitze in etwa 20 Minuten sehr weich braten. Überschüssiges Öl weggießen, den Zucker hinzufügen und so lange rühren, bis sich Zucker und Zwiebeln verbunden haben und der Zucker karamellisiert ist (etwa 8 Minuten). Abkühlen lassen und kalt stellen.

2 Etwa 30 Minuten vor dem Servieren aus dem Ziegenkäse 4 gleich große Bällchen formen, in das Ei tauchen und im Mehl wenden. Den Boden der Pfanne mit Öl bedecken, erhitzen und die Bällchen darin unter behutsamem Wenden rundum goldbraun ausbacken. Auf Küchenpapier abtropfen lassen.

3 Die karamellisierten Zwiebeln in der Mitte einer Servierplatte anrichten und die Käsebällchen gleichmäßig darum verteilen. Mit Honig beträufeln, die Petersilie darüber streuen und den Schnittlauch über Kreuz auf die Zwiebeln legen. Sofort servieren.

Ergibt 4 Tapas

José Luis Ruiz Solaguren

José Luis, Madrid

José Luis Ruiz Solaguren ist der erklärte Tapas-König von Madrid, ein Baske, der vor etwa sechzig Jahren als Schuhputzer in einem Café in Bilbao begann und inzwischen eine internationale Kette von Tapas-Bars und Restaurants leitet. Zu seinem gastronomischen Königreich gehören nicht nur drei berühmte Adressen in Madrid, sondern auch ein Netzwerk von Restaurants in Montreal, Miami und Mexico City – und erst vor kurzem sind noch ein Weinberg und eine bodega in Kastilien dazugekommen. Und wie lautet das Geheimnis seines Erfolgs? „Meine Mutter war Köchin und mein Vater Taxifahrer, also lernte ich von klein auf, was gutes Essen und guter Service sind", erklärt er. Was er darunter versteht, wird durch sein persönliches Engagement schnell deutlich. Trotz seiner 74 Jahre und der Tatsache, dass seine beiden Söhne das Geschäft übernommen haben, lässt es sich dieser gewandte, expressive Mann nicht nehmen, regelmäßige Besucher zu begrüßen und zu verabschieden, hier und dort ein kleines Gespräch zu führen oder Gäste in seinem neuesten Restaurant in Madrids grandiosem Teatro Real zu ihrem Tisch zu führen.

José Luis' klassische Speisekarte in seiner berühmten Tapas-Bar in der Calle Serrano bietet eine verwirrende Auswahl an heißen und kalten Tapas, pinchos und raciones – gute, schlichte Interpretationen spanischer Klassiker, raffiniert präsentiert. „Da Tapas bedeutet, das Essen auf unterschiedliche Weise zu genießen, kann man alles Mögliche ausprobieren, verschiedene Farben und Texturen miteinander kombinieren. Doch das Wichtigste beim Kochen ist, Appetit zu haben." Dieser Philosophie ist José Luis ein Leben lang treu geblieben – und er setzt die Tradition der ortsansässigen Schuhputzer in seinen Bars fort!

Geröstetes Brot mit Schinken und grüner Paprikaschote

Jamón ibérico con pimiento

4 Scheiben Baguette
1 EL Olivenöl
1 grüne Paprikaschote, von Stielansatz, Samen und Scheidewänden befreit und in Scheiben geschnitten
4 Scheiben spanischer Schinken (jamón ibérico)

José Luis serviert viele einfache, aber klassische Tapas wie diese. Ganz wichtig ist darum Schinken von bester Qualität, denn bei so viel Schlichtheit kommt es ganz besonders auf delikate Zutaten an.

1 Die Weißbrotscheiben von beiden Seiten hellgolden rösten.

2 Das Olivenöl in einer Pfanne erhitzen und die Paprikascheiben kurz darin braten.

3 Die Weißbrotscheiben mit je 1 Scheibe Schinken so belegen, dass diese nicht überstehen. Die Paprikascheiben gleichmäßig darüber legen.

Ergibt 4 Tapas

Geröstetes Brot mit Schafkäse und Sardellen
Anchoa con queso

4 Scheiben Baguette
4 Scheiben Schafkäse von gleicher Größe wie das Brot
4 Sardellenfilets

Eine salzig-pikante Tapa – dank der wunderbaren Kombination von Schafkäse und Sardellen mit ihren kräftigen Aromen. Ideal zum Anregen des Appetits.

1 Die Weißbrotscheiben von beiden Seiten hellgolden rösten.

2 Je 1 Scheibe Schafkäse auf die Brotscheiben legen und darauf ein Sardellenfilet anordnen.

Ergibt 4 Tapas

Geröstetes Brot mit Rinderschinken, Kaviar, Lachs
Lomo ibérico de bellota, kaviar o salmón ahumado

12 Scheiben Baguette
4 Scheiben gepökeltes, getrocknetes Rindfleisch von bester Qualität (Rinderschinken)
4 Scheiben Räucherlachs
125 g Seehasenrogen

José Luis liebt gute, einfache Gerichte. Hier ein paar Ideen für herrlich einfache Snacks, die auf einer bunten Platte sehr verführerisch aussehen.

1 Die Weißbrotscheiben von beiden Seiten hellgolden rösten.

2 Auf 4 Scheiben Weißbrot das Rindfleisch und auf weitere 4 Scheiben den Lachs legen. Die restlichen 4 Scheiben mit je 1 gehäuften Teelöffel Seehasenrogen belegen.

Ergibt 12 Tapas

Geröstetes Brot mit Räucherfisch-Tatar
Tartar de ahumados

4 Scheiben Baguette
Je 50 g geräucherte Sardellen, Räucherlachs und geräucherte Forelle, fein gehackt
2 TL fein gewürfelte Zwiebel
2 TL gehackte Kapern
75 g Mayonnaise

Eine delikate Mischung aus drei verschiedenen geräucherten Fischen. Diese sehr pikante Tapa wird durch Zwiebeln und Kapern abgerundet und ist ein weiterer fantastischer appetitanregender Happen.

1 Die Weißbrotscheiben von beiden Seiten hellgolden rösten.

2 Die Sardellen mit dem Räucherlachs und der Forelle behutsam vermischen. Die Zwiebeln, Kapern und die Mayonnaise unterheben.

3 Je 1 Esslöffel des Räucherfisch-Tatars so auf einer Scheibe geröstetem Brot verteilen, dass die Schnittflächen vollständig bedeckt sind.

Ergibt 4 Tapas

„Da Tapas bedeutet, das Essen auf unterschiedliche Weise zu genießen, kann man alles Mögliche ausprobieren, verschiedene Farben und Texturen miteinander kombinieren. Doch das Wichtigste beim Kochen ist, Appetit zu haben."

LEVANTE

Esteban Miñana
La Bodeguilla del Gato

Colin Ward
Gambrinus

Emiliano García Domene
Bodega Montaña

Michele Gallana
Santa Companya

Raquel Sabater
Mesón de Labradores

„Das Land, wo der Ostwind weht", das ist Spaniens Levante, und damit ist auch gleichzeitig Wesentliches über den kulinarischen Einfluss aus dem Mittleren Osten gesagt. Das spanische Küstengebiet am Mittelmeer zwischen Stränden und kräuterbewachsener Sierra produziert eine überraschend reiche Auswahl an Nahrungsmitteln.

Die Levante ist nicht das Land von Milch und Honig, aber jenes von Reis und Orangen oder solch vielfältiger Produkte wie Fisch, Mandeln, Kirschen, Trauben, Grapefruits, Zitronen, Loquats, Artischocken, schwarzen Trüffeln, Datteln – und auch Honig. Ein fruchtbarer Boden, ein gemäßigtes Klima und eine Agrargeschichte, die von unterschiedlichsten Einflüssen geprägt ist, haben den Ruf der Region als fruchtbarster in ganz Europa gefestigt. All dies sowie die kosmopolitische Bevölkerung waren und sind beste Voraussetzungen für die „neuen" Tapas, die man hier serviert.

„Die Levante ist nicht das Land von Milch und Honig, aber jenes von Reis und Orangen oder solch vielfältiger Produkte wie Fisch, Mandeln, Kirschen, Trauben, Grapefruits, Zitronen, Loquats, Artischocken, schwarzen Trüffeln, Datteln – und auch Honig."

Paella, das spanische Nationalgericht, entstand vor kaum zweihundert Jahren in der Nähe von Valencia, der größten Stadt in der Levante. Wie bei vielen Gerichten, für die einfache Zutaten fantasievoll kombiniert werden, entwickelte sich auch die *paella* aus der Not der armen Leute, eine nahrhafte Mahlzeit aus Resten zu bereiten, die man praktischerweise draußen am offenen Feuer kochen konnte. Die Tradition, *paella* niemals am Abend zu essen, hat weiterhin Bestand – zum Wohle der Verdauung. Doch immer häufiger wird das Gericht bei sonntäglichen Familientreffen in Restaurants verzehrt. Neben der duftenden, mit Safran verfeinerten klassischen Kombination von Hähnchen, Garnelen, Gemüse und Reis können die vielen Varianten auch *bacalao* und Spinat oder Kaninchen und Meeresfrüchte enthalten. Weitere mögliche Zutaten sind Wild-, Puten- oder Wurstspezialitäten. Und obwohl man mit *paella* meist gigantische Mengen verbindet, wird das Gericht in Tapas-Bars in der Levante und anderen Regionen mitunter auch in entsprechend kleinen Portionen serviert.

Die Seele einer jeden *paella* ist natürlich der Reis, auch wenn sogar diese Zutat manchmal durch *fideos* (feine Nudeln, die Tinte von Kalmaren sowie Safran oder Fischsäfte gut aufnehmen) ersetzt wird. Reis, ob *bomba*, *granza* oder *secreti*, wurde in der Levante von den Mauren während ihrer fünfhundert Jahre dauernden Besatzung eingeführt, und immer noch überziehen Reisfelder das Marschland um die Lagune von Albufera südlich von Valencia. Einen beeindruckenden Beweis dafür, welch inspirierende Bedeutung der Reis für die regionale Küche hat, liefert ein Restaurant in Alicante, auf dessen Speisekarte stolze siebzig Reisgerichte stehen.

Vor den Mauren hatten schon die römischen Besetzer ihre kulinarischen Spuren hinterlassen, und zwar in Form der heute noch so beliebten eingesalzenen Fische und Meeresfrüchte. Gastronomische Einflüsse der Küchen des Mittleren Ostens gehen wiederum auf eine große

Zahl jüdischer Siedler zurück. Vor noch längerer Zeit wurde in den Salzmarschen von Murcia bereits von den Iberern Salz produziert, und den Palmenhain von Elche – mit 125.000 Dattelpalmen inzwischen der größte in Europa – sollen bereits die Phönizier angepflanzt haben.

Der italienische Einfluss auf Küche, Kunst und Architektur gewann im 15. und 16. Jahrhundert wieder an Bedeutung, als Neapel und Sizilien von Spaniens östlicher Küstenregion regiert wurden. Doch der daraus resultierende blühende Handel in der Levante geriet ins Stocken, als man 1609 die Moriscos (zum Christentum konvertierte Mauren) und die Juden vertrieb. Mit diesem Exodus der erfahrenen Händler und Bauern verlor die Region die Basis ihrer Landwirtschaft, die erst in jüngerer Zeit wieder belebt werden konnte.

Ein wichtiger Nebeneffekt der heutigen Produktfülle der Levante ist die vielleicht ausgewogenste Ernährung in ganz Spanien. Hauptnahrungsmittel sind Fisch und Reis *a banda* (in Fischfond gegart und separat serviert) sowie große Mengen gebratenes Gemüse *(escalibada)* in reichlich Olivenöl und besonders saftige Saisonfrüchte. Süßwaren aus Valencia lassen den arabischen Einfluss spüren, so etwa *horchata* (ein Kaltgetränk aus *chufa*, erdnussgroßen Wurzelknoten einer Erdmandelart), Mandeln, Kuchen mit Honig und kandierten Früchten, Marzipan und *turrón* (Nougat).

Kulturell betrachtet stürmt das Valencia von heute schnell voran, integriert modernen Designer-Chic in eine Stadt beeindruckender Renaissancegebäude und einer mächtigen Kathedrale, die nicht weniger als den Besitz des Heiligen Grals für sich beansprucht. Mit dem wachsenden Selbstbewusstsein distanzieren sich die Einwohner Valencias allerdings immer stärker von ihren katalanischen Vettern im Norden. Diese sprechen zwar eine ähnliche Sprache, doch gibt es spürbare historische wie soziale Unterschiede.

Wer in Valencia über grandiose Plätze mit renovierten Herrenhäusern spaziert, kann die derzeitige Erneuerung der Stadt nicht leugnen: Man braucht nur ein ehemaliges Kloster zu betreten, das zu einem modernen Kunstzentrum umgewandelt wurde, oder die gewaltigen Ausmaße der ehrgeizigen City of Arts and Sciences von Santiago Calatrava zu betrachten. Der zunehmend kosmopolitische Charakter der Stadt wird auf einer anderen Ebene spürbar, wenn man etwa in einer der zahllosen Spezialitäten-Bars einen guten australischen Wein zu einer italienischen Tapa genießt.

Ebenso wie in Katalonien ist die Tradition der Tapas-Zubereitung auch in Valencia nicht mit der in Madrid, Andalusien oder dem Baskenland zu vergleichen. Doch in den engen Straßen des alten Valencias kreieren junge, motivierte Küchenchefs aus Bilbao, Venedig und London eine neue kulinarische Note für diese sich so schnell wandelnde Stadt. Dass Valencia in einigen Jahren bei Feinschmeckern ebenso beliebt sein wird wie Barcelona oder Madrid, ist wohl keine sonderlich gewagte Behauptung.

Das wahrhaftigste Bild der kulinarischen Reichtümer der Levante zeichnet jedoch der 75 Jahre alte Mercado Central mit seiner großartigen Konstruktion aus Stahl und Glas – einer der buntesten städtischen Märkte Europas. Valencia ist (noch) nicht globalisiert, es ist menschlich. Folgen wir also dem Beispiel dieser Region und konzentrieren uns auf raffinierte Geschmackskombinationen aus den frischesten Zutaten.

Café
Cola-Caos

1400 pts. Kilo.
140 pts. 100 grms.
170

Esteban Miñana La Bodeguilla del Gato, Valencia

Im Herzen von El Carmen, einem Viertel mit regem Nachtleben, liegt diese Tapas-Bar. Auf der Speisekarte, vom Küchenchef Esteban Miñana und den Besitzern Pepe Lopez und Andres Canelas zusammengestellt, stehen Tapas, die man in Bilbao oder Madrid, den Heimatstädten der drei, erwarten würde. Was die Essensgewohnheiten von Tapas betrifft, sieht Esteban deutliche Unterschiede zwischen dem Norden und Süden Spaniens. „Hier sitzen die Leute meist ruhig beim Essen, trinken Cocktails oder Bier, während sie im Norden von Bar zu Bar ziehen und copas voll Wein trinken. Das bedeutet, dass Tapas hier tatsächlich zu einer richtigen Mahlzeit geworden sind", erklärt er. Estebans früherer Beruf des Industriedesigners hat ebenfalls Einfluss auf seine Tapas. „Essen und Design haben beide mit dem Kombinieren von Farben und Linien zu tun", sagt er. „Der Geschmack ist natürlich wichtig, aber das Aussehen ebenfalls." Gleichwohl: Estebans Tapas-Klassiker haben stets einen reichen Geschmack.

La Bodeguilla del Gato öffnet nur am Abend seine Pforten für die hungrigen Gäste, die sich zwischen Ziegelwänden mit zeitgenössischen Gemälden, Fotos von Stierkämpfen und Konzertplakaten drängen. Trotz oder vielleicht sogar wegen der nordspanischen Note regen Estebans Tapas den Appetit der Einheimischen ganz besonders an.

Miesmuscheln nach Fischerart

Mejillones à la marinera

750 g frische Miesmuscheln, unter fließendem kaltem Wasser abgebürstet und entbartet (Muscheln, die sich nicht schließen, wegwerfen)
75 ml trockener Weißwein
1 Lorbeerblatt
1 große Zwiebel, fein gehackt
Je 1 rote und grüne Paprikaschote, von Stielansatz, Samen und Scheidewänden befreit und gehackt
2 Knoblauchzehen, sehr fein gehackt
2 EL Olivenöl
2 große, reife Tomaten, vom Stielansatz befreit und fein gehackt
1 Messerspitze Cayennepfeffer
Frisch gemahlener weißer Pfeffer

Zu der reichhaltigen Tomatensauce mit ihrem mediterranen Aroma passen große, schwere Miesmuscheln am besten.

1 Die Muscheln zusammen mit dem Weißwein und dem Lorbeerblatt in einen großen Topf füllen. Zugedeckt bei starker Hitze einige Minuten dämpfen, dabei ab und zu den Topf rütteln, damit die Schalen sich öffnen. Die Muscheln in einer Schüssel anrichten, noch geschlossene Exemplare wegwerfen. Die Muscheln warm halten, den Muschelsud abseihen und beiseite stellen.

2 Zwiebel, Paprikaschoten und Knoblauch in einem Topf in dem heißen Öl weich braten. Die Tomaten und den Cayennepfeffer hinzufügen. Etwa 15 Minuten köcheln lassen, bis die Sauce eingedickt ist. Etwas von dem Muschelsud dazugießen, mit Pfeffer würzen. Über die Muscheln gießen und sofort servieren.

Ergibt 6 Tapas

Würzige Wurst, in Rotwein gegart
Chorizo al vino

550 g spanische chorizo oder eine andere würzige Räucherwurst
350 ml trockener Rotwein
1 Lorbeerblatt

In Nordspanien wird *chorizo* oft in Cidre gegart. Esteban bevorzugt zum Garen jedoch Rotwein für eine wärmere Note. So entsteht eine hervorragende Winter-Tapa, ideal zu einem guten Glas Rioja.

1 Die Wurst zusammen mit dem Rotwein und dem Lorbeerblatt in eine Pfanne geben. Zugedeckt bei schwacher Hitze 10–15 Minuten garen, bis der Wein leicht eingekocht ist.

2 Die Wurst aus der Pfanne nehmen und in 1 Zentimeter dicke Scheiben schneiden. Die Wurstscheiben wieder in den Wein einrühren. In Steingutschalen anrichten und mit Baguettestücken servieren.

Ergibt 4 Tapas

Kalmar in Tomaten-Knoblauch-Sauce
Calamar encebollada

700 g Kalmar, küchenfertig vorbereitet und quer in 2,5 cm dicke Stücke geschnitten
100 ml Wasser
1 Lorbeerblatt
4 Knoblauchzehen, in dünne Scheiben geschnitten
Olivenöl zum Braten
1 große Zwiebel, in dünne Ringe geschnitten
1 reife Tomate, vom Stielansatz befreit und fein gehackt
½ EL süßes Paprikapulver
150 ml Weißwein oder 75 ml Cognac
Salz
Frisch gemahlener schwarzer Pfeffer

Ein klassisches Gericht aus dem Mittelmeerraum, für das Kalmar mit einigen beliebten Zutaten aus der Region kombiniert wird: Tomaten, Zwiebeln, Knoblauch und Lorbeerblatt. Für eine noch kräftigere Sauce kann man Cognac statt Weißwein verwenden.

1 Die Kalmarstücke, das Wasser und das Lorbeerblatt in einen schweren Topf füllen. Zum Kochen bringen und 3 Minuten kochen lassen, dabei ständig rühren, damit die Kalmarstücke nicht aneinander haften bleiben. Kalmar aus dem Topf nehmen und beiseite stellen. Die Garflüssigkeit aufbewahren.

2 Den Knoblauch in etwas Olivenöl weich braten. Weitere 2 Esslöffel Olivenöl und die Zwiebelringe hinzufügen und zugedeckt bei schwacher Hitze etwa 20 Minuten dünsten.

3 Die Tomate, das Paprikapulver, den Weißwein oder Cognac, Salz und Pfeffer untermischen. Ohne Deckel köcheln lassen, bis eine relativ dicke Sauce entstanden ist. Die Kalmarstücke und ein wenig von der Garflüssigkeit unter die Sauce rühren und das Gericht sofort servieren.

Ergibt 4 Tapas

Bounty Valencia
Equipo Límite
ENTE
Luis Prades
MÚSICA AL PUNTO
CLAU DE LLUNA JAZZ
BOUNTY CLUB

Colin Ward Gambrinus, Valencia

Colin Ward ist der Exot unter unseren Tapas-Chefs. Aber kann ein Londoner wirklich ein Meister spanischer Tapas sein? Auf alle Fälle ist das Gambrinus, das an Valencias höchst illustrer Plaza de la Reina liegt, durch und durch spanisch. Am Wochenende lockt es große Familien zur sonntäglichen paella *an, und der unaufhörliche Strom von Gästen in der übrigen Woche kommt wegen der reichhaltigen Tapas. Im Sommer können die zahlreichen Besucher an zusätzlichen Tischen im Freien sitzen, nachdenklich auf die gotische Kathedrale mit dem achteckigen Glockenturm blicken und darüber nachgrübeln, ob der Gral sich wirklich dort befindet.*

Der Erfolg des Gambrinus hat viel mit den andalusischen Jugendjahren des Küchenchefs zu tun. Damals pflückte er Obst, zog eigenes Gemüse oder wich umherlaufenden Eseln aus und entwickelte eine große Leidenschaft für alles Spanische. „Zurück in London, sang ich für einige Gigs in einer Band aus Valencia. Dann traf ich meine jetzige Frau aus Mallorca, und da war mein Schicksal entschieden. Wir kamen hierher, um hier zu leben", erinnert sich Colin. Seitdem meistert er ein ganzes Repertoire valencianischer Spezialitäten. „Im Grunde sind bei valencianischen Speisen frische Zutaten das Wichtigste, und besonders gut sind hier das Schweine- und Hühnerfleisch. Man braucht keine Saucen, um irgendetwas zu verdecken, denn die besonderen Aromen sind alle schon enthalten", erklärt er.

Estragonhühnchen mit Spargel

Pollo al estragón

60 g Butter
1 mittelgroße Zwiebel, fein gehackt
250 g Hühnerbrust, in 2,5 cm große Würfel geschnitten
50 g frischer Estragon, nur die Blätter gehackt
4 EL Mehl
350 ml Milch
8 Stangen frischer Spargel, geschält und in Stücke geschnitten
Salz
Frisch gemahlener schwarzer Pfeffer

Spargel wächst in Valencia in großer Fülle, doch während es sich dabei um eine traditionelle Zutat handelt, ist die Milch – in der spanischen Küche selten verwendet – eher englisch. Aber immerhin sind wir im kosmopolitischen Valencia. Also warum nicht?

1 Die Butter in einer großen Pfanne zerlassen. Die Zwiebel und die Hühnerbrust darin unter ständigem Rühren braten, bis die Zwiebel weich und das Fleisch leicht gebräunt ist. Den Estragon und das Mehl einstreuen, gleichmäßig untermischen und das Mehl ohne Farbe bei schwacher Hitze anschwitzen. Die Pfanne vom Herd nehmen und die Milch portionsweise unterrühren, bis sich jeweils alles gut miteinander verbindet. Die Pfanne wieder auf den Herd stellen und die Mischung aufkochen, dabei ständig rühren, bis sie cremig eingedickt ist.

2 Die Hitze reduzieren. Den Spargel, Salz und Pfeffer hinzufügen und alles 5 Minuten köcheln lassen, bis das Hühnerfleisch gar ist. In einzelnen Steingutschalen anrichten und heiß servieren.

Ergibt 4 Tapas

Marinierte Makrele mit ofengebratenem Gemüse
Escalibada con caballa en escabeche

1 Aubergine, längs halbiert
1 Zucchino, längs halbiert
1 Zwiebel, geschält und geviertelt
1 rote Paprikaschote, von Stielansatz, Samen und Scheidewänden befreit und halbiert
1 Fenchelknolle, geputzt, geviertelt und vom harten Herzstück befreit
Olivenöl zum Braten
Frisch gemahlenes grobes Salz
100 ml trockener Weißwein
200 ml Olivenöl
4 Makrelenfilets, küchenfertig vorbereitet
6 Gewürznelken
4 Knoblauchzehen, ungeschält
4 Lorbeerblätter

Escalibada ist ein ostspanischer Klassiker, für den der Gemüsereichtum der Region aufs Beste genutzt wird. Der Name ist von dem katalanischen Wort für „verkohlt, gegrillt" abgeleitet. Denn für das richtige rauchige Aroma sollte man das Gemüse über Holzkohlenglut grillen. Dazu passt jede Art von mariniertem Fisch, aber besonders gut eignen sich Makrelen.

1 Das Gemüse mit der Schnittseite nach unten nebeneinander auf ein Backblech legen. Mit Olivenöl bestreichen, mit Salz bestreuen und bei 200 °C (Umluft 180 °C) im vorgeheizten Backofen 35 Minuten braten.

2 Für die Marinade den Wein und das Olivenöl vermischen. Die Makrelenfilets in einem breiten Topf mit der Marinade gerade bedecken, Gewürznelken, Knoblauch und die Lorbeerblätter hinzufügen und zugedeckt 15 Minuten köcheln lassen.

3 Die Stiele der Auberginenhälften wegschneiden, die Haut der Paprikahälften abziehen. Sämtliches Gemüse in dünne Scheiben beziehungsweise Streifen schneiden und auf 4 Tellern anrichten. Je 1 Makrelenfilet darauf legen und auf dem Tellerrand je 1 Lorbeerblatt und 1 Knoblauchzehe als Garnitur arrangieren. Diese Tapa kann man warm oder kalt, aber nicht gekühlt servieren.

Ergibt 4 Tapas

Kalmar in Tomaten-Rotwein-Sauce

Calamares pica-pica

100 ml Olivenöl
500 g Kalmar, küchenfertig vorbereitet und in 5 cm breite Stücke geschnitten
1 Zwiebel, grob gehackt
200 g Tomaten, vom Stielansatz befreit und grob gehackt
2 Knoblauchzehen, zerdrückt
1 rote Paprikaschote, von Stielansatz, Samen und Scheidewänden befreit und gehackt
1 Lorbeerblatt
200 ml Rotwein
100 ml Fischfond

Diese mallorquinische Tapa – das Rezept hat Colin Ward von seiner Frau übernommen, und die hat es von ihrer Großmutter – ist leicht zubereitet und dabei hocharomatisch und in Valencia sehr beliebt. Der Kalmar sollte möglichst klein und zart sein.

1 Das Olivenöl in einem großen Topf erhitzen. Die Kalmarstücke hineingeben und 1 Minute pfannenrühren. Die Zwiebel und die Tomaten hinzufügen und weitere 5 Minuten mitrühren.

2 Knoblauch, Paprikaschote, Lorbeerblatt, Rotwein und Fischfond unterrühren, alles 20 Minuten köcheln lassen. Heiß in Steingutschalen zu Brot mit knuspriger Rinde servieren.

Ergibt 4 Tapas

Paella *mit Klippfisch, Spinat und Tomaten*

Paella de bacalao y espinacas

500 g frischer Spinat, gewaschen, Stiele entfernt
4 EL Olivenöl
150 g Klippfisch, 2 Tage gewässert, das Wasser regelmäßig gewechselt
30 g Pinienkerne
250 g Tomaten, vom Stielansatz befreit und gehackt
2 Knoblauchzehen, zerdrückt
2 TL süßes Paprikapulver
1 getrocknete Chilischote, gehackt
250 g Calasparra-Reis
500 ml Gemüsebrühe
½ TL Safranfäden, 15 Minuten in 2 EL kochendem Wasser eingeweicht
Salz
Zitronenspalten zum Servieren

Eine besonders delikate *Paella*-Variante mit schöner dunkler Farbe. Den Klippfisch kann man durch frischen Kabeljau oder Seehecht ersetzen. Die ideale Reissorte ist der spanische Calasparra-Reis mit kleinen, runden Körnern.

1 Den nach dem Waschen noch tropfnassen Spinat bei mittlerer Hitze 4 Minuten in einem Topf zugedeckt garen. Leicht abkühlen lassen, ausdrücken und hacken.

2 Das Öl in einer *Paella*-Pfanne oder einer großen Bratpfanne sehr heiß werden lassen. Klippfisch, Spinat, Pinienkerne, Tomaten, Knoblauch, Paprikapulver und die Chilischote zufügen, bei reduzierter Hitze 6 Minuten ständig rühren.

3 Den Reis 2 Minuten mitrühren. Die Brühe und den Safran hinzufügen, mit Salz würzen. Etwa 15 Minuten köcheln lassen, bis die Brühe aufgesogen und der Reis bissfest ist.

4 Vom Herd nehmen, mit einem Küchentuch bedecken, den Deckel darauf setzen und 5 Minuten ruhen lassen. Mit Zitronenspalten garnieren und sofort servieren.

Ergibt 6 Tapas

Emiliano García Domene Bodega Montaña, Valencia

Das Mittelmeer spielt bei den Tapas in der Bodega Montaña eine Schlüsselrolle, und das nicht nur, weil die Bar bloß wenige Häuserblocks vom Meer entfernt ist. Trotz dieser Lage und der abgenutzten Ausstattung (die Bar stammt aus dem Jahr 1836) ist sie jedem Tapas-Liebhaber der Stadt ein Begriff. Bedient werden sie alle von Vicente, dem wohlwollenden Manager.

Nach den Anfängen als Warenlager erlebte das Bodega Montaña eine 45 Jahre währende Blütezeit, und zwar unter einem französischen Besitzer, der Wein, Olivenöl und schließlich Tapas hier einführte. Als Emiliano García Domene zu Beginn der 1990er-Jahre schließlich die Leitung übernahm, erweiterte er das Weinangebot von Rioja und Valdepeñas um zahlreiche Weine aus Italien, Argentinien, Chile, Neuseeland, Australien und Südafrika.

Und die Tapas? Auch hier wird vor allem auf Qualität geachtet, aber auch auf den regionalen Geschmack: Neben Klassikern gibt es eine breite Auswahl an Wurst- und Schinkenspezialitäten und eine Reihe von Gerichten mit Fisch und Meeresfrüchten. Beste Sardellenfilets werden hier einzeln verkauft, und valencianische Miesmuscheln (clochinas), *Sardinen, Kalmare und Kraken gehören zum köstlichen Standardangebot.*

Kartoffel-Klippfisch-Püree mit Knoblauch

Bacalao al ajo arriero

250 g Klippfisch
500 g geschälte Kartoffeln
Eigelb von 3 hart gekochten Eiern, gehackt
4 große Knoblauchzehen, fein gehackt
100 ml Olivenöl

Diese wunderbare Tapa wird in kleinen Schalen mit einer hineingesteckten Knabberstange als Dip serviert, und alle Gäste stürzen sich mit Sicherheit darauf. Die angegebene Menge ist sehr großzügig bemessen.

1 Den Klippfisch 2 Tage in kaltem Wasser einweichen und das Wasser mehrmals am Tag erneuern. Den Fisch abgießen, abspülen und das Fleisch blättrig zerteilen. Gräten und Haut dabei entfernen.

2 Die Kartoffeln gerade weich kochen. Vom Herd nehmen, abgießen und sofort zerstampfen. Mit einem Holzlöffel zu einer weichen Masse verrühren.

3 Die Eigelbe, Knoblauch und den Klippfisch hinzufügen und gut untermischen. Das Olivenöl langsam hinzugießen und dabei die ganze Zeit kräftig mit dem Holzlöffel rühren. So lange weiterrühren, bis ein cremiges, dickes Püree entstanden ist.

Ergibt 6 Tapas

Frittierte Paprikaschoten mit Thunfischfüllung

Pimientos del piquillo rellenos

8 ganze frische Piquillo-*Paprikaschoten, ersatzweise aus der Dose oder 4 normale rote Paprikaschoten*
50 g Butter
1 EL Sonnenblumenöl
30 g Mehl
10 g Speisestärke
300 ml Milch
Salz
Frisch gemahlener schwarzer Pfeffer
Etwas frisch geriebene Muskatnuss
150 g Thunfisch in Öl aus der Dose, abgegossen, in Flocken zerteilt
1 Ei, verquirlt
Mehl zum Wenden
Oliven- oder Sonnenblumenöl zum Frittieren

Obwohl *Piquillo*-Paprikaschoten in Navarra und Rioja angebaut werden, schätzt man sie in ganz Spanien wegen ihrer saftigen Konsistenz und ihres süßen Geschmacks. Statt frischer Schoten kann man *piquillos* aus der Dose verwenden.

1 Werden frische Paprikaschoten verwendet, diese halbieren, von Stielansatz, Samen und Scheidewänden befreien. So lange grillen, bis die Haut schwarze Blasen wirft. Abkühlen lassen und enthäuten.

2 Für die Füllung die Butter mit dem Öl in einem Topf zerlassen. Mehl und Speisestärke unterrühren und hellgolden anschwitzen. Vom Herd nehmen. Die Milch portionsweise so unterrühren, dass sich jeweils alles gut miteinander verbindet. Den Topf wieder auf den Herd setzen und die Mischung unter ständigem Rühren zum Kochen bringen, bis eine glatte Sauce entsteht. Bei schwacher Hitze 5 Minuten kochen lassen, ab und zu umrühren.

3 Den Topf vom Herd nehmen und die Sauce kräftig mit Salz, Pfeffer und Muskat würzen. Den Thunfisch untermischen und abkühlen lassen. Für 12 Stunden kalt stellen.

4 Die Paprikahälften etwa ½ Stunde vor dem Servieren mit der Thunfischmischung füllen. Darauf achten, dass die Schoten nicht einreißen. Die Paprikahälften längs zusammenklappen, in das Ei tauchen und im Mehl wenden. Einen Topf 10 Zentimeter hoch mit Öl füllen und dieses erhitzen. Die Schoten hineingleiten lassen und rundum goldbraun frittieren. Auf Küchenpapier abtropfen lassen und sofort servieren.

Ergibt 4 Tapas

MOSCATEL SUPERIO
GRADOS
PTAS
450

Artischockenherzen mit Schwarze-Oliven-Öl

Alcachofa con aceite de oliva negra

100 g schwarze Oliven, entsteint
200 ml natives Olivenöl extra
8 frische Artischockenherzen, gegart, ersatzweise aus der Dose, gut abgetropft

Ein ganz unkompliziertes Gericht aus der Bodega Montaña, das jedoch köstlich schmeckt und wie ein Kunstwerk aussieht.

1 Für das Schwarze-Oliven-Öl die Oliven mit dem Öl in einen Mixer füllen und pürieren, bis sie ganz fein zerkleinert sind.

2 Kurz vor dem Servieren die Artischockenherzen auf einem Teller verteilen und das Schwarze-Oliven-Öl darüber gießen.

Ergibt 8 Tapas

Würziger Dicke-Bohnen-Eintopf mit Schweinefleisch

Habas condimentadas

500 g getrocknete Dicke Bohnen, 48 Stunden in Wasser eingeweicht
30 lomo ibérico *(gepökelte Schweinelende)*
30 g getrocknetes Rindfleisch
50 g chorizo *oder eine andere würzige Räucherwurst*
10 g geräucherter Schinken
1 kleiner Schinkenknochen
125 g chistorra *oder eine andere Schweinswurst*
30 g frische Minzeblätter
6 Lorbeerblätter
1 TL Cayennepfeffer
1,4 l Hühnerbrühe oder Wasser
4 EL Olivenöl
*25 g geräuchertes spanisches Paprikapulver (*pimentón de la Vera*)*
Salz
Frisch gemahlener schwarzer Pfeffer

Ein typisches Gericht aus der bäuerlichen Küche Südspaniens. Schweinefleisch und andere Fleisch- sowie Wurstspezialitäten harmonieren bestens mit den milden Dicken Bohnen.

1 Sämtliche Zutaten mit Ausnahme von Olivenöl, Paprikapulver, Salz und Pfeffer in der Reihenfolge der Zutatenliste in einen großen Topf füllen. Die Brühe oder das Wasser sollte alle Zutaten bedecken.

2 Das Olivenöl in einer kleinen Pfanne erhitzen, das Paprikapulver einstreuen und unterrühren. Über die Zutaten in dem Topf gießen und zugedeckt stark erhitzen. Sobald die Mischung zu kochen beginnt, diese bei reduzierter Hitze 1-1½ Stunden köcheln lassen, bis die Bohnen weich sind. Falls nötig, ab und zu etwas Brühe oder Wasser nachgießen.

3 Den Schinkenknochen herausnehmen und den Eintopf mit Salz und Pfeffer würzen. (Gibt man das Salz früher dazu, werden die Bohnen hart.) In Steingutschalen heiß servieren.

Ergibt 6 Tapas

Michele Gallana Santa Companya, Valencia

Eine angesagte Bar im Labyrinth der engen Straßen im Zentrum Valencias geht neue Wege im Bereich der Verschmelzung unterschiedlicher kulinarischer Einflüsse. Santa Companya wurde 2001 von dem jungen italienischen Architekten Michele Gallana sowie zwei stillen Teilhabern, beide Italiener, und einem valencianischen Architekten eröffnet, der die Bar entwarf. Sämtliche Tapas und raciones *werden an einer winzigen Theke hinter der Bar zubereitet, und die Präsentation ist dabei ganz wichtig. In der Bar gibt es nur kalte Gerichte, von belegten Broten* (montaditos) *mit europäischen Käsesorten (Gorgonzola, St. Nectaire, Stilton, Munster) und Honig, Orangenmarmelade oder Quittenpaste bis zu Tapas mit spanischen und italienischen Wurstspezialitäten, eingelegten Meeresfrüchten aus Galicien oder verlockenden Salaten.*

Michele stammt aus Venetien. „Meine Großmutter hatte ein Restaurant, in dem ich als Kind oft war", erzählt er. „Wir wollten hier vor allem beste europäische Weine ausschenken", fährt er fort. Die Speisen standen nicht an erster Stelle, doch das Interesse daran wuchs, und die Gäste kommen nun gleichermaßen wegen der Ricotta oder des Parmaschinkens und einer Flasche Rioja. „In Valencia bleiben die Leute länger in den Bars als irgendwo sonst in Spanien – sie bestellen kein Glas, sondern eine Flasche Wein und bleiben sitzen", erklärt er.

Carpaccio von Straußenfleisch
Carpaccio de avestruz

200 g Straußenfilet, in hauchdünne Scheiben geschnitten
125 ml Olivenöl für die Marinade
Einige frische Minzeblätter
Schale von 1 unbehandelten Orange, in kleine Stücke geschnitten
75 g körniger Dijon-Senf
Frisch gepresster Saft von ½ Orange
1–2 EL Olivenöl für die Sauce
Salz
Frisch gemahlener schwarzer Pfeffer
6 Spritzer Balsamessig (möglichst 8 Jahre gereift)
2 EL gestiftelte Mandeln
2 EL Pinienkerne

Michele hat dieses Gericht zwar für Straußenfleisch kreiert, aber mit Rind schmeckt es genauso gut. Die fast durchscheinenden Fleischscheiben nehmen die säuerlichen Orangen- und Minzearomen wunderbar auf. Und in Verbindung mit Senf und Balsamessig entsteht eine hocharomatische, leicht verdauliche Tapa.

1 Das Straußenfleisch 1 Stunde im Olivenöl mit den Minzeblättern und der Orangenschale marinieren lassen.

2 Für die Sauce den Senf mit dem Orangensaft, Olivenöl, Salz und Pfeffer verrühren.

3 Das Fleisch aus der Marinade nehmen und auf einer Platte anrichten. Mit der Sauce bedecken, mit dem Essig beträufeln und mit gestiftelten Mandeln und Pinienkernen garnieren.

Ergibt 4 Tapas

Pikantes Rindersteak-Tatar
Bistec tartar de Michele

4 EL fein gehackte frische Petersilie
4 milde rote Chilischoten, von Stielansatz, Samen und Scheidewänden befreit und fein gehackt
1 kleine Zwiebel, fein gehackt
50 g Kapern, Essigsud, Salzlake oder Salz abgespült
500 g Hüftsteak vom Rind (Sirloin), fein gehackt
6 Spritzer Tabascosauce
Salz
Frisch gemahlener schwarzer Pfeffer
Natives Olivenöl extra
60 g Dijon-Senf mit Kräutern

Diese pikante Tapa mit Zwiebel, Chili, Kapern und Tabasco ist ein wunderbarer Angriff auf die Geschmacksnerven.

1 In einer Schüssel die Petersilie mit den Chilischoten, der Zwiebel und den Kapern vermischen. Das gehackte Fleisch hinzufügen und gut untermischen.

2 Tabasco, Salz, Pfeffer und etwas Olivenöl dazugeben und alles gut vermischen. Das Tatar auf eine Servierplatte oder einzelne Teller häufen und mit dem Kräutersenf servieren.

Ergibt 6 Tapas

Marinierte Sardinen mit Zwiebeln
Sarde en saor

500 g frische kleine Sardinen, geschuppt und von Eingeweiden und Gräten befreit
Mehl zum Wenden
Olivenöl zum Braten
4 Zwiebeln, fein gehackt
125 ml Weißweinessig
Salz
Frisch gemahlener schwarzer Pfeffer

Diese traditionelle Methode venezianischer Seeleute, Sardinen zu marinieren, hat Michele bei seiner Großmutter gelernt. Um dem Ganzen eine valencianische Note zu geben, mischt man kurz vor dem Servieren eine Hand voll Pinienkerne und Rosinen darunter.

1 Die Sardinen in Mehl wenden und in wenig heißem Olivenöl in der Pfanne braten, bis sie von beiden Seiten leicht gebräunt sind. Auf Küchenpapier abtropfen lassen.

2 In einer zweiten Pfanne die Zwiebeln in Öl goldgelb schwitzen. Vom Herd nehmen, den Essig hinzugießen, mit Salz und Pfeffer würzen und alles gut vermischen.

3 In eine hohe Schale abwechselnd Sardinen und Zwiebeln einschichten. Dabei mit den Sardinen beginnen und mit einer Schicht Zwiebeln abschließen. Für mindestens 2 Stunden in den Kühlschrank stellen.

4 Zum Servieren großzügige Portionen auf einzelnen Tellern anrichten.

Ergibt 6 Tapas

Belegtes Brot mit Käse und Quittenpaste

Queso con membrillo

3 Scheiben kräftiges Weißbrot
6 Scheiben Manchego (spanischer Hartkäse aus Schafmilch)
6 dünne Scheiben Quittenpaste

Für diese traditionelle spanische Tapa werden süße und salzige Aromen kombiniert. Michele experimentiert hier gern mit unterschiedlichen Käsesorten, einschließlich *queso de tetilla*, einem recht unbekannten runden galicischen Käse aus Kuhmilch. Doch der wunderbar scharfe Manchego ist kaum zu überbieten.

1 Je 2 Scheiben Manchego auf eine Brotscheibe legen.

2 Jede Käsescheibe mit 1 Scheibe Quittenpaste bedecken.

Ergibt 6 Tapas

„In Valencia bleiben die Leute länger in den Bars als irgendwo sonst in Spanien – sie bestellen kein Glas, sondern eine Flasche Wein und bleiben sitzen."

Raquel Sabater   Mesón de Labradores, Alicante

Fragt man einen älteren Alicantino nach dem Weg zum Mesón de Labradores, erzählt er womöglich nur, dass er in seiner rebellischen Jugend dort seine freien Abende verbrachte. Tapas-Bars kommen und gehen in dieser Hafenstadt, in der viele Touristen auf ihrem Weg zur Costa Blanca Halt machen, doch das Labradores ist ein echter Fixpunkt in Alicante. Heute werden hier unter der Leitung von Raquel Sabater, der Enkelin des Gründers, jede Nacht dreihundert Gäste bedient – und das in einer Straße, in der es einst zahllose Bars und Restaurants gab.

Der rustikale Stil der Bar ist das Werk von Raquels Großvater, einem Möbelrestaurator aus Murcia. Kupfertöpfe, halb geflieste Wände, Lampenschirme aus getrockneten Knoblauchknollen und Stühle mit Ledersitzen, all dies trägt zur zeitlosen Atmosphäre bei, die auch die Speisekarte vermittelt. „Wir haben vor allem traditionelle Gerichte, die sich kaum verändern", erklärt Raquel. „Das einzige Rezept, das wir nicht verraten, ist das chupi-chupi. *Dabei handelt es sich um eine mit Rindfleisch belegte Scheibe Landbrot und eine spezielle Sauce. Mein Vater hat es einmal in Barcelona probiert, entwickelte daraufhin das Rezept, und es wurde zur Spezialität des Hauses."*

Würzige Schweinefleischspieße
Pinchos morunos

3 EL Olivenöl
2 EL Weißweinessig
¼ TL gemahlener Kreuzkümmel
Je ¼ TL süßes und scharfes Paprikapulver
2 EL gehackte frische Petersilie
2 Knoblauchzehen, sehr fein gehackt
500 g mageres Schweinefleisch, in 2,5 cm große Würfel geschnitten
Salz
Frisch gemahlener schwarzer Pfeffer

4 Holz- oder Metallspieße (Holzspieße vor der Verwendung in Wasser einweichen)

Der spanische Name dieser beliebten Spieße, *morunos*, bedeutet „maurisch". Damit die Tapas schön weich und aromatisch werden, sollte man nur bestes Schweinefleisch (der südspanische Ersatz für das maurische Lamm), möglichst aus ökologischer Landwirtschaft, verwenden. Idealerweise werden die Spieße auf dem Grill zubereitet, sie gelingen aber auch sehr gut im Ofen.

1 Sämtliche Zutaten mit Ausnahme der Fleischwürfel, Salz und Pfeffer zu einer Marinade verrühren.

2 Das gewürfelte Schweinefleisch mit der Marinade einreiben und 48 Stunden einwirken lassen.

3 Die Fleischwürfel gleichmäßig auf die Spieße stecken. Bei starker Hitze von jeder Seite 4-5 Minuten grillen, bis das Fleisch rundum schön gebräunt ist. Mit Salz und Pfeffer bestreuen und sofort servieren.

Ergibt 4 Tapas

Dicke-Bohnen-Eintopf mit Schinken und Wurst
Michirones à la murciana

500 g getrocknete Dicke Bohnen, 48 Stunden in Wasser eingeweicht
125 g chorizo *oder eine andere würzige Räucherwurst, in 1,2 cm dicke Scheiben geschnitten*
100 g Serrano-Schinken, in dicke Scheiben geschnitten und gewürfelt
1 Schinkenknochen
2 getrocknete rote Chilischoten, vom Stielansatz befreit und fein gehackt
1,4–1,5 l Rinderbrühe
Salz und schwarzer Pfeffer

Eine der beliebtesten Tapas des Labradores: Das Rezept stammt aus Murcia, Spaniens kleinster autonomer Region, die zwischen Valencia und Andalusien liegt. Das Gericht ähnelt dem würzigen Eintopf aus der Bodega Montaña, doch die Rinderbrühe sorgt für ein intensiveres Fleischaroma.

1 Sämtliche Zutaten mit Ausnahme von Salz und Pfeffer in der Reihenfolge der Zutatenliste in einen großen Topf füllen. Die Brühe sollte die Zutaten gerade bedecken.

2 Die Mischung zugedeckt stark erhitzen. Sobald sie zu kochen beginnt, die Hitze reduzieren. Den Eintopf 1 1/2–2 Stunden köcheln lassen, bis die Bohnen weich sind. Falls nötig, ab und zu etwas Brühe nachgießen.

3 Den Schinkenknochen herausnehmen und den Eintopf mit Salz und Pfeffer würzen. (Gibt man das Salz früher dazu, werden die Bohnen hart.) In Steingutschalen anrichten und mit Baguettestücken oder einigen Knabberstangen heiß servieren.

Ergibt 6 Tapas

23

Arme-Leute-Kartoffeln

Patatas a lo pobre

10 EL Olivenöl zum Braten
2 große spanische Zwiebeln, in Ringe geschnitten
6 mittelgroße fest kochende Kartoffeln, geschält und in Scheiben geschnitten
Salz
1 EL Sherryessig
3 Knoblauchzehen, sehr fein gehackt

In Südspanien kennt man unzählige Varianten dieses Gerichts, einige davon auch mit roten oder grünen Paprikaschoten. Sollen zusätzlich Paprikaschoten verwendet werden, diese zuvor von Stielansatz, Samen und Scheidewänden befreien, in Scheiben oder breite Streifen schneiden und gleich nach den Zwiebeln und vor den Kartoffeln hinzufügen.

1 In einer Pfanne mit schwerem Boden 2 Esslöffel Öl erhitzen. Die Zwiebeln darin unter gelegentlichem Rühren in 10 Minuten goldgelb schwitzen.

2 Das restliche Öl hinzugießen und heiß werden lassen. Die Kartoffeln dazugeben und 15-20 Minuten braten, bis sie weich sind. Mit Salz abschmecken, überschüssiges Öl abgießen.

3 Den Essig mit dem Knoblauch vermischen und unter die Kartoffeln rühren. Sofort servieren.

Ergibt 6 Tapas

„Wir haben vor allem traditionelle Gerichte, die sich kaum verändern", erklärt Raquel. „Das einzige Rezept, das wir nicht verraten, ist das chupi-chupi. *Dabei handelt es sich um eine mit Rindfleisch belegte Scheibe Landbrot und eine spezielle Sauce. Mein Vater hat es einmal in Barcelona probiert, entwickelte daraufhin das Rezept, und es wurde zur Spezialität des Hauses."*

ANDALUSIEN

Manuel Zamora
Casablanca

Rosa María Borja
Isabel Capote Domínguez
La Eslava

Lola García Burgos
Emiliano Sánchez Rincón
Bar Giralda

Julián González Carrasco
Juan Gutiérrez Moreno
Bodegas Campos

Lourdes Ybarra
Bar Europa

Enrique Becerra
Diego Ruiz
Enrique Becerra

Andalusien ist die Verkörperung des maurischen Spaniens. Mögen auch in anderen Teilen der Iberischen Halbinsel noch Zeugnisse der Mauren zu finden sein, so haben doch nur im kargen Süden des Landes die 800 Jahre maurischer Herrschaft solch starke Spuren hinterlassen. Architektur, Handwerk, Musik, Landwirtschaft, feurige Augen und eine feurige Küche sind das deutliche Erbe einer Kultur, die 1492 schließlich ihr Ende fand, als die spanischen Katholiken die außergewöhnlichste Schöpfung der Mauren in Spanien einnahmen – die Alhambra, Königin von Granada. Angesichts seines eroberten Königreichs stieß der jugendliche König Boabdil einen „letzten Seufzer" aus und floh ins Exil. Der Bergpass, dem er folgte, trägt immer noch diesen Beinamen, wie auch viele andere Orte in Andalusien, die bis heute mit den Mauren in Verbindung gebracht werden. Dies ist einfach der richtige Ort für die „letzte Tapa".

„Olivenbäume marschieren über den Horizont, Mandelbäume explodieren in einem rosa und weißen Blütenmeer, kampfeslustige Stiere grasen in den Tälern des Guadalquivír, mitten in den Stadtzentren hängen Orangen von den Bäumen."

Die Mondlandschaften der Karst- und Schiefergebiete flimmern in der Hitze, Olivenbäume marschieren über den Horizont, Mandelbäume explodieren in einem rosa und weißen Blütenmeer, kampfeslustige Stiere grasen in den Tälern des Guadalquivír, mitten in den Stadtzentren hängen Orangen von den Bäumen, Ziegen wandern felsige Hügel hinauf, Thunfische gehen vor Cádiz in die Netze. Im Südosten wächst in riesigen *plásticas* (Folien-Gewächshäusern) das ganze Jahr hindurch ein Großteil der besten europäischen Avocados, Artischocken, Tomaten und grünen Bohnen. Die Temperatur fällt in dieser Region nie sehr stark, und Niederschlag ist sogar in den Wintermonaten selten, was zu ernsten Dürreproblemen führt.

Diese Tatsache war den Mauren wohl bewusst, als sie große Flächen zu bewässern begannen, um eine solche Fülle von Produkten zu kultivieren, wie sie die Iberer zuvor nicht gekannt hatten. Der umfangreiche Landbau führte auch dazu, dass viele spanische Namen für Nahrungsmittel mit der typisch arabischen Vorsilbe *al* beginnen, wie etwa bei *alcachofa* (Artischocke), *alazán* (Sauerampfer), *albahaca* (Basilikum), *albaricoque* (Aprikose), *alcaparra* (Kaper), *almendra* (Mandel) oder *almíbar* (Sirup).

Ebenso wie vor ihnen die Römer und Iberer beeinflussten die Mauren aber auch die kulinarischen Vorlieben, ob mit ihren riesigen Orangen- und Zitronenhainen, kalter Gemüsesuppe *(gazpacho)* oder Datteln und Zuckerrohr. Besonders die Schwäche für Süßes wird heute noch in vielen Gerichten und Süßwaren, einschließlich Honig und getrockneten Früchten, deutlich. Es heißt, die Tapas wurden im andalusischen Sevilla erfunden, deren Einwohner wahre Tapas-Meister sind.

Das hedonistische, extrovertierte Sevilla besitzt wenig von Córdobas poetischer Schwere oder von Granadas nobler Ausstrahlung. Sevilla ist eine Bühne mit vielen bunten Schauplätzen, jeder dieser Plätze ist klein und meist von einer safrangelben Kirche, Orangenbäumen und ein paar Tapas-Bars flankiert.

Das Bewusstsein der *sevillanos* für das Dramatische wird während der *Semana Santa* (der Karwoche) und der *Feria* sichtbar: In dieser Zeit stolzieren die Frauen in ihren volantbesetzten Flamenco-Kleidern oder im engen Reitdress mit Gaucho-Hüten umher, während die Männer in Büßerkleidung Christusstatuen tragen oder, ebenfalls in Reitkleidung, ihr Pferd mit Macho-Gehabe zum nächsten Weinlokal dirigieren.

Das ganze Jahr hindurch drängen sich in Sevilla die Gäste der beliebten Tapas-Bars bis auf die Straße hinaus oder drücken sich in Ecken oder auf Sherryfässern zusammen, um mittags die immer wieder neuen Tapas hinunterzuschlingen. Nach diesen alltäglichen Ansammlungen kann man beinah die Uhr stellen.

Das typische Getränk Sevillas, der Sherry, stammt aus dem nahe gelegenen Jerez de la Frontera. Die Ursprünge des Sherrys gehen, wie alle spanischen Weine, auf die Phönizier zurück. Doch über viele Jahrhunderte wurde gerade dieser konzentrierte Wein fortentwickelt, um ihn vor dem Verderb zu schützen. Nachdem Sir Francis Drake 1587 fast dreitausend Fässer von der spanischen Armada beschlagnahmt hatte, wurde der Sherry in England sehr populär. Vor allem reiche Londoner entwickelten eine Vorliebe für den gestohlenen Wein, und so entstand ein blühender Industriezweig. Die Namen englischer Händler sind bis heute mit zahlreichen *bodegas* oder Weinkellereien verknüpft.

Vom erfrischenden, trockenen *fino* über den honigfarbenen *amontillado* und den goldgelben *oloroso* bis zum sirupartigen *dulce* gibt es für jeden Geschmack und jede Tapa den richtigen Sherry – trotz der regionalen Vorliebe für *manzanilla*, eine etwas salzigere Variante des *fino*, die in der Küstenstadt Sanlúcar de Barrameda produziert wird. Wenn die Andalusier ihren Sherry nicht gekühlt genießen, dann in Form von Essig als pikante Würze für *gazpachos* und Gemüse-Tapas.

Bei den zahlreichen *fiestas* Andalusiens spielt der Stierkampf eine bedeutende Rolle und macht *raba de toro* (Ochsenschwanz) zu einer bevorzugten Tapa der Gegend. Allerdings hat die Bedrohung durch den Rinderwahn die Begeisterung dafür gebremst. Auch frischen Fisch und Meeresfrüchte findet man stets auf den Speisekarten.

Steht man in Sevilla auf einer Brücke über den Guadalquivír, neunzig Kilometer von der Flussmündung entfernt, kann man bereits das Salz in der Luft „schnuppern" – ganz so wie Ferdinand Magellan, Juan Sebastián Elcano und Christoph Kolumbus, die allesamt von hier aus für Spanien in See stachen. Die geraubten Schätze, die sie in ihren Schiffen zurückbrachten, dienten zur Finanzierung der zahlreichen Monumente der Stadt. Die künstlerische Hochzeit Sevillas war das Barock des 17. Jahrhunderts mit solch bedeutenden Malern wie Pacheco, Velázquez und Murillo.

Aus der Neuen Welt kamen aber noch andere, prosaischere Schätze: Kartoffeln, Tomaten, Mais, Kakao, Bohnen und natürlich Tabak. In Sevillas alter Tabakfabrik, direkt neben dem Hafen gelegen, denkt man unwillkürlich an die legendäre Carmen, die mit den Füßen aufstampft und nach Liebe schreit. Wer spürt es nicht? In Andalusien geht es um Leidenschaft und Tragödie, um Gefühle, Extreme, intensive Aromen, heiße Sonne und kalte Suppen. Wer die Tapas dieser magnetisierenden Region nachkocht, wird in eine außergewöhnliche Welt katapultiert. Und dazu passt natürlich nur laute Flamenco-Musik.

Manuel Zamora Casablanca, Sevilla

Das Casablanca ist ein Geheimnis Andalusiens. Versteckt liegt es in einer Nebenstraße im Zentrum Sevillas hinter einer nichts sagenden Tür. Stößt man sie auf, gelangt man in einen kleinen gastronomischen Himmel, der regelmäßig von Sevillas oberen zehntausend und dem unverzichtbaren Stierkämpfer besucht wird. Der Küchenchef, ein großzügiger, überschäumenden Andalusier Anfang vierzig, Manuel Zamora, denkt bei jedem Atemzug ans Essen – und träumt vielleicht sogar davon. „Ich habe mit 15 Jahren als Tellerwäscher in einem Fünf-Sterne-Restaurant angefangen und die Köche und Angestellten pausenlos gefragt, was gerade zubereitet wurde", erzählt er. Diese Wissbegierde behielt er bei, als er die Erfolgsleiter nach oben stieg, über Las Palmas zum Parador de Carmona, bis er schließlich zum renommierten Casablanca kam, wo er an sechs Tagen pro Woche Tapas, Mittag- und Abendessen zubereitet.

Manuel ist ein intuitiver Koch, besitzt aber auch großes Gespür für die Wünsche seiner Gäste. „Ich lasse mich von dem inspirieren, was ich auf dem Markt sehe, und neunzig Prozent von dem, was ich verwende, stammt aus Andalusien. Selbst die foie gras *kommt aus der Region, und das Halbgefrorene ist typisch spanisch. Es gibt hier keine Speisekarte, und alle unsere Gerichte müssen exzellent sein." Das würzige Kartoffelpüree bekommt man allerdings immer.*

Würziges Kartoffelpüree
Patatas aliñadas

1 kg neue Kartoffeln, unter fließendem kaltem Wasser abgebürstet
Salz
3 Frühlingszwiebeln, nur der weiße Teil fein gehackt
3 grüne Paprikaschoten, von Stielansatz, Samen und Scheidewänden befreit und fein gehackt
9 EL bestes natives Olivenöl extra
3 EL Weißweinessig
Frisch gemahlener schwarzer Pfeffer

Diese Spezialität des Casablanca wird mit reichlich extranativem Olivenöl aus Baena zubereitet, das als Andalusiens bestes Öl gilt. Wer es nicht bekommt, sollte das beste im Handel erhältliche Öl verwenden. Ganz typisch für Manuel: Diese köstliche Tapa besteht aus den denkbar einfachsten Zutaten.

1 Die Kartoffeln in gesalzenem Wasser etwa 20 Minuten kochen, bis sie weich sind.

2 Die Kartoffeln pellen, zerstampfen und durch ein Sieb passieren. Die gehackten Frühlingszwiebeln und Paprikaschoten hinzufügen.

3 Das Öl und den Essig unter Schlagen langsam dazugießen, bis ein cremiges, dickes Püree entsteht.

4 Salzen, pfeffern und auf kleinen Tellern sofort servieren.

Ergibt 6 Tapas

Pasta mit Fisch und Meeresfrüchten

Fideos à la marinera

1 mittelgroße Zwiebel, gewürfelt
2 mittelgroße grüne Paprikaschoten, von Stielansatz, Samen und Scheidewänden befreit und gewürfelt
2 Tomaten, vom Stielansatz befreit und gewürfelt
2 Knoblauchzehen, sehr fein gehackt
Olivenöl zum Braten
75 ml Weißwein
1 l Wasser
1/4 TL Safranfäden, in etwas kochendem Wasser eingeweicht
250 g Venusmuscheln, unter fließendem kaltem Wasser abgebürstet (Muscheln, die sich nicht schließen, wegwerfen)
150 g Tintenfisch, küchenfertig vorbereitet und quer in schmale Streifen geschnitten
150 g frische Garnelen, geschält
100 g Seehecht, filetiert und in kleine Stücke geschnitten
Salz
Frisch gemahlener schwarzer Pfeffer
200 g Gabelspaghetti oder eine andere Pastaform wie tubetti lunghi

Die Zubereitung dieser Tapa ist etwas komplizierter, dafür schmeckt sie ebenso umwerfend, wie sie aussieht. Wer ein Hauptgericht daraus machen möchte, bereitet einfach eine größere Menge zu.

1 In einer Pfanne mit schwerem Boden die Zwiebel mit den Paprikaschoten, Tomaten und dem Knoblauch in etwas Olivenöl weich braten.

2 Den Weißwein hinzugießen und in etwa 10 Minuten einkochen lassen.

3 Das Wasser und die Einweichflüssigkeit des Safrans hinzufügen und bei starker Hitze 15 Minuten kochen lassen.

4 Venusmuscheln, Tintenfisch, Garnelen, Seehecht, Salz und Pfeffer sowie die Pasta dazugeben. Bei schwacher Hitze etwa 10 Minuten garen, bis der Fisch, die Meeresfrüchte und die Pasta gar sind und die Flüssigkeit aufgenommen haben. Muscheln, die sich bis jetzt noch nicht geöffnet haben, wegwerfen. In Steingutschalen anrichten und sofort servieren.

Ergibt 6 Tapas

Kartoffel-Tortilla

Tortilla de patatas

100 ml Olivenöl
1 kg Kartoffeln, geschält und gewürfelt
3 Eier, verquirlt
Salz
Frisch gemahlener schwarzer Pfeffer

Manuel serviert diese klassische spanische *tortilla*, die ganz typisch aus Kartoffeln zubereitet wird, mit einer ambrosischen Whiskysauce (siehe unten).

1 Das Olivenöl in einer Pfanne erhitzen. Die Kartoffeln darin bei sehr schwacher Hitze etwa 15 Minuten braten, bis sie weich, aber noch nicht braun sind.

2 In einer Schüssel die Kartoffeln mit den Eiern vermischen und die Masse mit Salz und Pfeffer abschmecken. Zurück in die Pfanne füllen, gleichmäßig verteilen und bei schwacher Hitze 3-4 Minuten braten. Auf die feste, aber noch saftige *tortilla* einen Teller von der Größe der Pfanne legen und die *tortilla* auf den Teller stürzen.

3 Die *tortilla* vorsichtig zurück in die Pfanne gleiten lassen und von der anderen Seite in 3 Minuten goldbraun braten.

4 Auf eine Servierplatte legen und mindestens 5 Minuten abkühlen lassen. In Stücke schneiden und heiß oder von Raumtemperatur mit Whiskysauce servieren.

Ergibt 6 Tapas

„Ich lasse mich von dem inspirieren, was ich auf dem Markt sehe, und neunzig Prozent von dem, was ich verwende, stammt aus Andalusien. Selbst die foie gras *kommt aus der Region, und das Halbgefrorene ist typisch spanisch."*

Whiskysauce

Salsa de whisky

3 Knoblauchzehen, in dünne Scheiben geschnitten
2 EL Olivenöl
15 g Butter
1 EL frisch gepresster Zitronensaft
1 EL Whisky
1 EL kräftiger Rinderfond

Diese Sauce reicht Manuel als Begleitung zu seiner Kartoffel-*Tortilla*. Eine keineswegs seltsame Kombination, bedenkt man die Begeisterung der Andalusier für Hochprozentiges! Die Sauce harmoniert auch gut mit Fleisch, ganz besonders mit Rindfleisch.

1 In einem kleinen Topf den Knoblauch in dem Olivenöl weich braten.

2 Die Butter, den Zitronensaft, Whisky und Rinderfond hinzufügen. Bei schwacher Hitze in 15 Minuten einkochen lassen, dabei gelegentlich umrühren.

Für 6 Tapas

Hähnchenkeulen mit Backpflaumen und Nüssen in Brombeersauce

Pularda rellena de frutos secos en salsa de zarzamora

75 g Pininenkerne
50 g Walnusskerne, gehackt
50 g ungesalzene Pistazienkerne, gehackt
125 g entsteinte Backpflaumen, gehackt
12 Hähnchenkeulen aus artgerechter Tierhaltung, entbeint
Salz
Frisch gemahlener schwarzer Pfeffer
2 EL Olivenöl
200 g Knoblauchzehen
2 kleine Zwiebeln, halbiert und in Scheiben geschnitten
2 Kartoffeln, geschält und in 3 mm dicke Scheiben geschnitten
250 ml süßer Malaga

Für die Brombeersauce
125 g frische oder Tiefkühl-Brombeeren
100 g grober Zucker
2 EL Balsamessig

Ein reichhaltiges Gericht mit Backpflaumen, Nüssen, Hähnchen, frischen Früchten und süßem Wein, das stark von der maurischen Küche beeinflusst ist. Der Malaga kann durch jeden dunklen Dessertwein ersetzt werden.

1 Die Pinienkerne, Walnüsse, Pistazien und Backpflaumen vermischen und die Hähnchenkeulen damit füllen. Die Keulen mit Küchengarn fixieren.

2 Die gefüllten Hähnchenkeulen auf Backbleche legen. Mit Salz und Pfeffer würzen, mit dem Olivenöl beträufeln und die Knoblauchzehen, Zwiebeln und Kartoffeln darum verteilen. Im vorgeheizten Ofen bei 200 °C (Umluft 180 °C) 30–35 Minuten braten, bis die Keulen gar sind.

3 Für die Sauce die Brombeeren und den Zucker mit 1 Esslöffel Wasser erhitzen und so lange rühren, bis sich der Zucker gelöst hat. Den Essig hinzugießen, die Mischung aufkochen und sirupartig einkochen lassen. Beim Abkühlen dickt die Sauce noch weiter ein. Beiseite stellen.

4 Den Malaga erwärmen. Die Hähnchenkeulen, Knoblauch, Zwiebeln und Kartoffeln auf einer Platte anrichten, den warmen Wein darüber gießen und vom Rand der Platte aus sofort mit einem Streichholz entzünden. Die Hähnchenkeulen mit der Sauce servieren.

Ergibt 12 Tapas

Spinat mit Kichererbsen andalusische Art

Espinacas con garbanzos à la andaluza

1 kg frischer Spinat, gründlich gewaschen und Stiele entfernt
50 ml Olivenöl
300 g gegarte Kichererbsen, abgegossen
1 TL gemahlener Kreuzkümmel
Salz
Frisch gemahlener schwarzer Pfeffer
3 Knoblauchzehen
1 Scheibe Weißbrot, in wenig Öl goldgelb geröstet
1 TL Rotweinessig
2 EL Wasser
1 ½ TL süßes Paprikapulver

Dieser andalusische Klassiker wird in vielen Tapas-Bars in ganz Spanien serviert. Spinat und Kichererbsen wurden allerdings einst von den Mauren eingeführt.

1 Den vom Waschen noch tropfnassen Spinat zugedeckt bei mittlerer Hitze etwa 4 Minuten garen. Abkühlen lassen. Das überschüssige Wasser ausdrücken und den Spinat grob hacken.

2 Den Spinat in dem Öl etwa 1 Minute bei schwacher Hitze andünsten. Die Kichererbsen, den Kreuzkümmel, Salz und Pfeffer unterrühren.

3 Den Knoblauch und das geröstete Brot erst im Mörser zerdrücken, dann im Mixer fein zerkleinern. Zum Spinat geben und gut untermischen.

4 Den Essig, das Wasser und das Paprikapulver hinzufügen. Bei schwacher Hitze etwa 1 Minute garen, dabei ständig rühren. In Steingutschalen sofort servieren.

Ergibt 6 Tapas

Casablanca

Rosa María Borja
Isabel Capote Domínguez La Eslava, Sevilla

Das La Eslava liegt in einer Seitenstraße der riesigen Alameda de Hércules, sodass man es beinah übersehen könnte. Doch diese für Sevilla ganz typische Tapas-Bar ist ausgesprochen angesagt und zieht die unterschiedlichsten Gäste an. Hinter der Bar jongliert der temperamentvolle Besitzer Sixto Tovar Gutierrez Telefonanrufe, Tapas und Biere, während seine französische Frau Rosa María Borja zusammen mit Isabel Capote Domínguez in der Küche die Wunder des La Eslava vollbringt.

Isabel meint: „Neben dem Gemüse ist das Olivenöl die wichtigste Zutat der andalusischen Küche." Und dann beschreibt sie, wie sie im großartigen Doppel mit Rosa María an das Kochen herangeht: „Bereiten wir ein neues Gericht zu, dann prüfen wir Farben und Geschmack; doch wenn es nicht richtig schmeckt, verzichten wir darauf." Rosa María weiß die Vorschläge ihrer Gäste zu schätzen. „Unsere Gäste äußern Wünsche, die wir beherzigen. Sie lieben zum Beispiel Suppen", erklärt sie, „denn deren Zubereitung zu Hause braucht viel Zeit." Bittet man sie um einen Vergleich zwischen Andalusien und ihrer Heimat, dem Südwesten Frankreichs, räumt Rosa María fröhlich ein: „Die französische Küche ist natürlich sehr gut, aber die typischen Produkte Andalusiens sind viel aromatischer. Der gazpacho, *den meine Mutter in Toulouse zubereitete, war nie so gut wie der hier in Andalusien." Noch besser ist La Eslavas berühmter* salmorejo, *an den keine Konkurrenz heranreicht.*

Spinat-Garnelen-Terrine

Pudin de espinacas

400 g Spinat, gründlich gewaschen und Stiele entfernt
1 mittelgroße Zwiebel, fein gehackt
2 mittelgroße Tomaten, vom Stielansatz befreit und gehackt
2 EL Olivenöl
100 g rohe Garnelen, geschält
Salz
Frisch gemahlener schwarzer Pfeffer
125 ml Milch
125 ml Sahne
4 Eier

Diese kalte, an Mousse erinnernde Tapa eignet sich perfekt für heißes Wetter, wenn der Appetit nicht allzu groß ist. Im Sommer trinken die Gäste im La Eslava bevorzugt Bier oder Sangria, und dazu ist die Spinat-Garnelen-Terrine der ideale Begleiter.

1 Den nach dem Waschen noch tropfnassen Spinat zugedeckt bei mittlerer Hitze etwa 4 Minuten garen. Abgießen, etwas abkühlen lassen und das überschüssige Wasser ausdrücken. Dafür den Spinat zwischen zwei große, flache Teller pressen – er sollte sehr trocken sein. Beiseite stellen.

2 Die Zwiebel und die Tomaten in dem heißen Olivenöl weich dünsten. Bei starker Hitze einen Teil der ausgetretenen Flüssigkeit einkochen lassen. Den Spinat und die Garnelen dazugeben, mit Salz und Pfeffer würzen und unterrühren. Bei schwacher Hitze einige Minuten mitdünsten. Abkühlen lassen.

3 Die Spinat-Garnelen-Mischung in einen Mixer füllen und Milch, Sahne und die Eier hinzufügen. Zu einer glatten, cremigen Masse verarbeiten. Nochmals mit Salz und Pfeffer abschmecken.

4 Eine Terrinen- oder Kastenform leicht mit Öl ausstreichen. Die Masse einfüllen und im Wasserbad bei 180 °C (Umluft 160 °C) 45 Minuten im Ofen backen, bis die Terrine fest ist. Für den Gartest mit einem Holz- oder Metallspieß in die Mitte stechen, beim Herausziehen darf nichts daran haften bleiben. Abkühlen lassen, für mindestens 2 Stunden kalt stellen. Zum Servieren auf eine Platte stürzen und in Scheiben schneiden.

Ergibt 4 Tapas

Kalte Tomatensuppe
Salmorejo

500 g reife Tomaten, vom Stielansatz befreit und geviertelt
225 g Weißbrot vom Vortag, in Stücke zerpflückt
250 ml Olivenöl
1 EL Sherryessig
1 Knoblauchzehe
Salz
Frisch gemahlener Pfeffer
55 g Serrano-Schinken, gehackt (nach Belieben)
1 hart gekochtes Ei, gehackt (nach Belieben)

Obwohl *salmorejo* eine Spezialität aus Córdoba ist, wird die Suppe in Sevilla mit großer Leidenschaft gegessen. Im Grunde handelt es sich dabei um eine dickflüssigere, cremigere Variante des *gazpacho*, die sich gleichermaßen als Suppe wie als Dip eignet. Die wichtigste Zutat sind die Tomaten. Sie müssen prall und saftig sein, sonst fehlt der Suppe ihre *raison d'être*.

1 Die Tomaten mit dem Brot in einen Mixer füllen und gründlich vermischen. Das Öl, den Essig, Knoblauch, Salz und Pfeffer hinzugeben und alles zu einer glatten, dickflüssigen Masse pürieren.

2 Als Dip zu frischem Brot reichen oder mit zusätzlichem extranativem Olivenöl beträufeln und als Suppe servieren. Nach Belieben mit etwas gehacktem Serrano-Schinken und gehacktem Ei bestreuen.

Ergibt 4 Tapas

Kartoffel-Klippfisch-Topf
Purrusalda

250 g Klippfisch
4 Stangen Lauch, geputzt und grob gehackt
4 EL Olivenöl
1 kg Kartoffeln, geschält und gewürfelt
1¼ l Fischfond
3 reife Tomaten, vom Stielansatz befreit und gehackt
Salz
Frisch gemahlener schwarzer Pfeffer

Bei Rosa María und Isabel wird aus der beliebten Kombination von Klippfisch und Kartoffeln eine herzhafte Tapa, die von mediterranen Tomaten und Olivenöl ein zusätzliches Aroma erhält.

1 Den Klippfisch zum Entsalzen für 2 Tage in kaltes Wasser legen und das Wasser mehrmals am Tag erneuern. Den Fisch abgießen, abspülen und das Fleisch blättrig zerteilen, dabei die Gräten und die Haut entfernen.

2 In einem großen Topf den Lauch in dem heißen Olivenöl weich braten. Die Kartoffeln dazugeben und alles bei niedrigster Hitze weitere 15 Minuten braten.

3 Den Fischfond und die Tomaten hinzufügen, aufkochen und 20 Minuten köcheln lassen.

4 Den Fisch dazugeben und den Eintopf weitere 10 Minuten köcheln lassen. Mit Salz und Pfeffer abschmecken. In Suppenschalen anrichten und servieren.

Ergibt 4 Tapas

„Neben dem Gemüse ist das Olivenöl die wichtigste Zutat der andalusischen Küche.“

Gebratene Hähnchenschenkel in Honigsauce
Muslos de pollo a la miel

250 g flüssiger Honig
100 g Butter
1 TL Currypulver
1½ TL Senfpulver
75 ml Tomatenketchup
8 Hähnchenschenkel

Ein einfaches Gericht maurischen Ursprungs mit interessanten Geschmackskontrasten, die vom süßen Honig dominiert werden. An einem Sommertag ist diese Tapa genau das Richtige zu trockenem Weißwein oder trockenem Sherry.

1 Für die Honigsauce alle Zutaten mit Ausnahme der Hähnchenschenkel in einen Topf füllen. Gut vermischen und zum Kochen bringen. Vom Herd nehmen.

2 Die Hähnchenschenkel in einen Bräter legen und die Sauce darüber gießen. Im vorgeheizten Ofen bei 180 °C (Umluft 160 °C) etwa 35 Minuten braten, bis die Schenkel gar sind und eine glänzende goldbraune Farbe haben. Sofort servieren.

Ergibt 4 Tapas

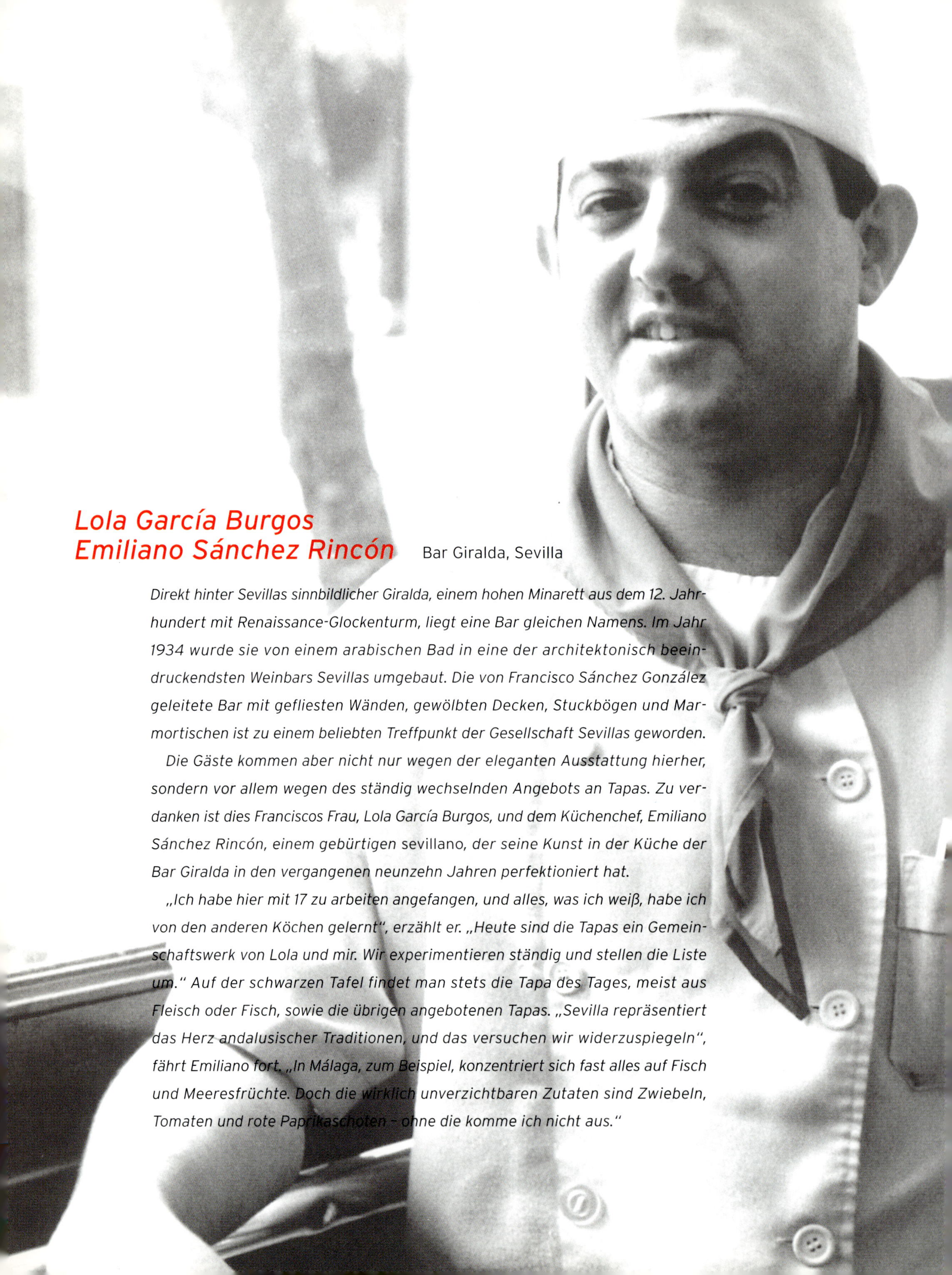

Lola García Burgos
Emiliano Sánchez Rincón Bar Giralda, Sevilla

Direkt hinter Sevillas sinnbildlicher Giralda, einem hohen Minarett aus dem 12. Jahrhundert mit Renaissance-Glockenturm, liegt eine Bar gleichen Namens. Im Jahr 1934 wurde sie von einem arabischen Bad in eine der architektonisch beeindruckendsten Weinbars Sevillas umgebaut. Die von Francisco Sánchez González geleitete Bar mit gefliesten Wänden, gewölbten Decken, Stuckbögen und Marmortischen ist zu einem beliebten Treffpunkt der Gesellschaft Sevillas geworden.

Die Gäste kommen aber nicht nur wegen der eleganten Ausstattung hierher, sondern vor allem wegen des ständig wechselnden Angebots an Tapas. Zu verdanken ist dies Franciscos Frau, Lola García Burgos, und dem Küchenchef, Emiliano Sánchez Rincón, einem gebürtigen sevillano, der seine Kunst in der Küche der Bar Giralda in den vergangenen neunzehn Jahren perfektioniert hat.

„Ich habe hier mit 17 zu arbeiten angefangen, und alles, was ich weiß, habe ich von den anderen Köchen gelernt", erzählt er. „Heute sind die Tapas ein Gemeinschaftswerk von Lola und mir. Wir experimentieren ständig und stellen die Liste um." Auf der schwarzen Tafel findet man stets die Tapa des Tages, meist aus Fleisch oder Fisch, sowie die übrigen angebotenen Tapas. „Sevilla repräsentiert das Herz andalusischer Traditionen, und das versuchen wir widerzuspiegeln", fährt Emiliano fort. „In Málaga, zum Beispiel, konzentriert sich fast alles auf Fisch und Meeresfrüchte. Doch die wirklich unverzichtbaren Zutaten sind Zwiebeln, Tomaten und rote Paprikaschoten – ohne die komme ich nicht aus."

Kartoffelscheiben mit Knoblauch-Petersilien-Sauce

Patatas a la importancia

2 große Kartoffeln, geschält und in 1 cm dicke Scheiben geschnitten
100 g gekochter Schinken, in dünne Scheiben geschnitten
100 g französischer Chaumes oder Port Salut, in dünne Scheiben geschnitten
Salz
1 Ei, verquirlt
Mehl
250 ml Olivenöl zum Braten

Für die Sauce
2 EL Olivenöl
7 Knoblauchzehen, in dünne Scheiben geschnitten
1 Bund frische glatte Petersilie, gehackt
2 EL Mehl
250 ml Weißwein

Ein Imbiss aus der bäuerlichen Küche Spaniens sind diese „wichtigen" Kartoffeln, die mit kräftigen, sehr aromatischen Zutaten zubereitet werden.

1 Jeweils zwischen 2 Kartoffelscheiben 1 Scheibe Schinken und 1 Scheibe Käse legen. Salzen, in das Ei tauchen, in Mehl wenden und in dem heißen Öl goldgelb braten. Herausnehmen und auf einer Platte warm stellen.

2 Für die Sauce das Öl in einer Pfanne erhitzen. Den Knoblauch darin weich braten und die Petersilie unterrühren. Das Mehl einrühren, vom Herd nehmen und portionsweise den Wein dazurühren.

3 Zurück auf den Herd stellen, unter Rühren 5 Minuten köcheln lassen. Die Kartoffeln mit der Sauce begießen und sofort servieren.

Ergibt 4 Tapas

Gebratene Hühnerbrust mit Lachsfüllung und Currysauce

Pechugas de pollo rellenas de salmón con salsa de curry

2 Hühnerbrustfilets
Olivenöl
150 g Räucherlachs, in Scheiben geschnitten
Frisch gemahlener schwarzer Pfeffer
Currysauce (siehe Rezept unten)

Diese einfache, aber sehr wirkungsvolle Tapa kann man im Voraus zubereiten und erst kurz vor dem Servieren aufwärmen. Bio-Hühnchen eignet sich hier am besten, da das Fleisch mehr Geschmack mitbringt und besser mit den kräftigen Aromen vom Lachs und der Currysauce harmoniert.

1 Die Hühnerbrüste auf einen Rost und diesen über einen flachen Topf legen, mit Olivenöl bestreichen. Im vorgeheizten Ofen bei 150 °C (Umluft 130 °C) 25 Minuten braten. Das Fleisch sollte fast gar sein. Zur Probe das Fleisch mit einem scharfen Messer einschneiden. Leicht abkühlen lassen. Die Ofentemperatur auf 120 °C (Umluft 100 °C) herunterschalten.

2 Die Hühnerbrüste längs halbieren, jedoch nicht ganz durchschneiden, und aufklappen. Jeweils mit einigen Scheiben Lachs füllen und mit Pfeffer würzen. In Alufolie wickeln und auf ein Backblech legen. Für weitere 20 Minuten in den Ofen schieben, bis das Fleisch gar ist.

3 Die Hühnerbrüste aus der Folie nehmen. Jeweils quer in 4 Scheiben schneiden, auf einer Platte anrichten und mit der Sauce begießen. Sofort servieren.

Ergibt 4 Tapas

Currysauce

Salsa de curry

½ große Zwiebel
1 TL Currypulver
125 ml Mayonnaise

Diese Sauce passt hervorragend zu den mit Lachs gefüllten Hühnerbrüsten (oben) oder als würziger Dip zu Brot.

1 Die äußere Haut der Zwiebel entfernen. Die Zwiebel in siedendem Wasser halb gar kochen, abkühlen lassen und fein hacken.

2 Sämtliche Zutaten im Mixer zu einer glatten Sauce pürieren.

Für 4 Tapas

BAR GIRALD

Julián González Carrasco
Juan Gutiérrez Moreno

Bodegas Campos, Córdoba

Die schlichte Fassade von Córdobas erfolgreichstem Restaurant macht deutlich, welche Merkmale man dort dem Essen zuordnet: Qualität und Finesse. Genau das lockt die Mächtigen und Reichen der Stadt ins Bodegas Campos, um hier in ruhiger Atmosphäre zu dinieren. Wer es betritt, begibt sich auf eine Reise tief ins Herz Andalusiens. Seit der Eröffnung 1908 wird in dem Restaurant ein nicht abreißender Strom von Prominenten bewirtet – von der Herzogin von Alba bis zu Joaquin Cortés, Paco Peña und Tony Blair. Doch trotz dieses Erfolgs hat das Bodegas Campos seine persönliche Note nicht verloren. Um die kulinarischen Wünsche der Gäste kümmern sich vier Küchenchefs und zwanzig Köche, denen Julián González Carrasco und Juan Gutiérrez Moreno vorstehen. Juan ist sich sicher: „Die andalusische Küche ist die beste – nach der französischen, denn auf ihr baut alles auf. Unser Vorteil ist die Qualität der hiesigen Produkte – frischer Fisch und frisches Gemüse sowie exzellente Öl- und Essigsorten." Das Geheimnis der exquisiten Tapas, die trotz der einfachen Zubereitung Regenten, Matadoren und Diven immer wieder anlocken, lautet: „Qualität, Qualität, Qualität."

*Tomaten-*Gazpacho *mit noblem Sherryessig*

Gazpacho de tomate con vinagre de Pedro Ximénez

1 kg schwere, sonnengereifte Tomaten, vom Stielansatz befreit und gehackt
500 g frische Brotkrume aus einem Laib mit fester Kruste
175 ml lange gereifter Sherryessig, vorzugsweise Pedro Ximénez
500 ml natives Olivenöl extra
Salz
Frisch gemahlener schwarzer Pfeffer

Dies ist eines von vielen *Gazpacho*-Rezepten, etwas flüssiger als *salmorejo*, doch saftige, aromatische Tomaten sind hier ebenso unerlässlich. Die große Menge Sherryessig ist vielleicht etwas gewöhnungsbedürftig, darum sollte man erst ein Viertel der Menge verwenden und den Rest nach Geschmack hinzufügen. Als Beigaben zum Bestreuen kann man Schinken-, Paprika-, Gurken- und Tomatenwürfel reichen. Dieser leichte, feine *gazpacho* ist die perfekte Sommer-Tapa.

1 Sämtliche Zutaten in einen Mixer füllen und zu einer glatten, feinen, dickflüssigen Suppe verarbeiten. Mit Salz und Pfeffer abschmecken.

2 Für mindestens 2 Stunden kalt stellen. In Gläsern mit einem Spritzer Olivenöl servieren.

Ergibt 4 Tapas

Deftige Kartoffelpfanne mit chorizo *und Paprikaschoten*

Patatas cortijeras con picadillo de chorizo

50 g Butter, 3-4 EL Olivenöl
400 g Kartoffeln, geschält und in dünne Scheiben geschnitten
125 g Zwiebeln, in dünnen Scheiben
Je 20 g rote und grüne Paprikaschote, von Stielansatz, Samen und Scheidewänden befreit, in dünne Scheiben geschnitten
3 Knoblauchzehen, in dünne Scheiben geschnitten
30 g Serrano-Schinken, in dünne Streifen geschnitten
50 g chorizo, *in 1 cm dicke Scheiben geschnitten und angebraten*
2 Eier, Salz und schwarzer Pfeffer

Dieses Gericht wurde von Julián und Juan in der Küche des Bodegas Campos kreiert. Sie schöpfen aus der großen Fülle frischer regionaler Gemüsesorten und runden das Ganze mit würzigem *chorizo* und Schinken ab. Eine perfekte Tapa mit ausgewogenen Zutaten.

1 Die Butter mit 2 Esslöffeln Olivenöl in einer Pfanne zerlassen und die Kartoffeln bei schwacher Hitze in 25 Minuten darin weich braten. In eine Schüssel füllen und beiseite stellen. Das Fett in der Pfanne belassen.

2 Zwiebeln und Paprikaschoten in dem verbliebenen Fett bei schwacher Hitze weich schwitzen. Bei Bedarf weiteres Öl hinzufügen. Den Knoblauch dazugeben und mitbraten, bis er eine goldgelbe Farbe angenommen hat.

3 Das Gemüse zu den Kartoffeln geben. Zusammen mit dem Schinken und der *chorizo* untermischen, beiseite stellen.

4 Die Eier in etwas Öl braten, bis das Eiweiß gestockt ist, und unter die Kartoffel-Gemüse-Mischung rühren. Mit Salz und Pfeffer abschmecken und auf einer Servierplatte anrichten.

Ergibt 4 Tapas

Frittierte Fleischbällchen mit Schinken

Bolitas de flamenquín

250 g Schweinelende, längs in dünne Scheiben geschnitten
Frisch gepresster Saft von 1 Zitrone
100 g Serrano-Schinken oder jamón ibérico*, in 6 Scheiben geschnitten*
Salz
Frisch gemahlener schwarzer Pfeffer
25 g Mehl
2 Eier, verquirlt
50 g Semmelbrösel
Olivenöl zum Frittieren

Eine exzellente Tapa für eine große Anzahl von Gästen. Die delikaten Fleischbällchen können im Voraus zubereitet und später kalt serviert werden. Der Zitronensaft sorgt für die nötige Raffinesse.

1 Die Schweinelende 1 Stunde in dem Zitronensaft marinieren.

2 Je 1 Scheibe Schinken auf eine Scheibe Schweinelende legen, mit Salz und Pfeffer würzen und der Länge nach zu Zylindern aufrollen.

3 Die Zylinder jeweils in 2 Zentimeter breite Stücke schneiden und zu Bällchen zusammendrücken.

4 Die Bällchen im Mehl wenden, ins Ei tauchen und in den Semmelbröseln wälzen. Portionsweise in sehr heißem Öl rundum goldbraun frittieren. Auf Küchenpapier abtropfen lassen und sofort servieren.

Ergibt 6 Tapas

„Die andalusische Küche ist die beste – nach der französischen, denn auf ihr baut alles auf. Unser Vorteil ist die Qualität der hiesigen Produkte: frischer Fisch und frisches Gemüse sowie exzellente Öl- und Essigsorten."

Frittiertes Gemüse

Fritura de la huerta

40 g Zwiebel, in dünne Ringe geschnitten
25 g Mehl
60 g Blumenkohl, in Röschen zerteilt und blanchiert
1 Ei, verquirlt
50 g Semmelbrösel
60 g Aubergine, geschält und in kleine Würfel geschnitten
1 EL Milch
Olivenöl zum Frittieren
Salz

Das Gemüse für dieses Gericht kann man selbst auswählen. Am besten ist natürlich das jeweilige Saisongemüse. Die Panade ergibt eine wunderbar knusprige Hülle, die entfernt an Tempurateig erinnert.

1 Die Zwiebelringe in dem Mehl wenden. Die Blumenkohlröschen zuerst im Mehl wenden, dann ins Ei tauchen und in den Semmelbröseln wälzen. Die Auberginenwürfel in die Milch tauchen und im Mehl wenden.

2 Einen Topf etwa 6 Zentimeter hoch mit Öl füllen und dieses erhitzen. Die Gemüsesorten separat darin frittieren. Sofort auf Küchenpapier abtropfen lassen und mit Salz bestreuen.

3 Das frittierte Gemüse auf einer Platte anrichten und sofort mit *salmorejo* (siehe Seite 168) als Dip servieren.

Ergibt 4 Tapas

Lourdes Ybarra   Bar Europa, Sevilla

Im letzten Jahr des 20. Jahrhunderts wurde das Bar Europa vollständig renoviert, dafür zeichnete der neue Besitzer Neus Bragat aus Barcelona verantwortlich. Das übernommene Lokal war ein vernachlässigter Familienbetrieb, dessen Küche sich auf Kutteleintopf beschränkte. Durch die Wiederherstellung des alten Glanzes der 1920er-Jahre hat Neus dieser klassischen Tapas-Bar Sevillas wieder zu Bedeutung verholfen und der Speisekarte zu einigen nordspanischen Elementen. Hier ist einer der wenigen Orte in Sevilla, an denen cava *serviert wird, und auf der Speisekarte stehen auch manchmal weiße oder schwarze* butifarra *(Schweinswürste) und ähnliche katalanische Spezialitäten.*

Durch die Luke zur Küche hinter der langen Holztheke kann man die Küchenchefin beobachten. Lourdes Ybarra stammt aus einem nahe gelegenen Dorf, wo sie eine eigene Bar besaß, ehe sie in die große Stadt kam: „Die meisten meiner Ideen und Techniken habe ich entweder aus der Kochschule oder von meiner Großmutter", erzählt sie. „Ich habe sieben Geschwister, und obwohl ich die Jüngste bin, habe ich schließlich das Kochen übernommen. Ich liebe es ganz einfach!"

Kalte Mandelsuppe

Ajo blanco

250 g Mandeln, blanchiert und enthäutet
3 Knoblauchzehen
85 g weiße Brotkrume
500 ml Wasser
2 EL Sherryessig
Salz
6 EL Olivenöl
8 Muskatellertrauben
Natives Olivenöl extra zum Beträufeln

Diese Suppe ist eine Erfindung der Mauren, um den glühend heißen andalusischen Sommern etwas entgegenzusetzen. In einer weißen Suppenschale, mit einigen weißen Muskatellertrauben garniert, sieht sie einfach herrlich minimalistisch aus. Und der milde Mandelgeschmack ist eine angenehme Abwechslung zu den vielen kräftigen Aromen Andalusiens.

1 Die Mandeln und den Knoblauch im Mixer fein zerkleinern. Die Brotkrume, das Wasser, den Essig und Salz hinzufügen und alles in 2 Minuten glatt pürieren.

2 Bei laufendem Gerät langsam das Olivenöl hinzugießen, bis eine dickflüssige Suppe entstanden ist. Für mindestens 1 Stunde in den Kühlschrank stellen.

3 In Suppenschalen schöpfen, mit jeweils 1 oder 2 Trauben garnieren und mit extranativem Olivenöl beträufeln.

Ergibt 4 Tapas

Klippfischsalat mit Orangen

Ensalada de bacalao con naranja

800 g Klippfisch
300 g saftige Orangenspalten, filetiert und Kerne entfernt, gewürfelt
2 EL klein geschnittener frischer Schnittlauch
4 schwarze Oliven
Natives Olivenöl extra zum Beträufeln

Eine einfache Tapa, die ein raffiniert erfrischendes Geschmackserlebnis bietet. Unerlässlich sind dafür allerdings bester Klippfisch und saftige Orangen. Am besten bereitet man den Salat in einzelnen Formen zu, da er beim Schneiden leicht auseinander fällt.

1 Den Klippfisch zum Entsalzen für 48 Stunden in kaltes Wasser legen und das Wasser mehrmals am Tag erneuern. Den Fisch abgießen, abspülen und das Fleisch blättrig zerteilen, dabei die Gräten und die Haut entfernen.

2 Die Orangen mit dem Schnittlauch vermischen und in 4 einzelne kleine Formen füllen. Den Klippfisch darüber verteilen und alles gut zusammendrücken.

3 Für mindestens 1 Stunde in den Kühlschrank stellen. Zum Servieren auf einzelne Teller stürzen.

4 Die Salatportionen mit je 1 Olive garnieren und mit Olivenöl beträufeln.

Ergibt 4 Tapas

Ratatouille mit Wachteleiern

Pisto con huevo de codorniz

6 grüne Paprikaschoten, von Stielansatz, Samen und Scheidewänden befreit und gewürfelt
1 große Zwiebel, gewürfelt
Olivenöl
500 g Auberginen, geschält und gewürfelt
500 g Zucchini, gewürfelt
500 g Tomaten, vom Stielansatz befreit und gewürfelt
Salz
Frisch gemahlener schwarzer Pfeffer
4 Wachteleier

***Pisto* stammt ursprünglich aus La Mancha, doch schnell eroberte es den Süden und wurde zur andalusischen Antwort auf Ratatouille – die berühmte provenzalische Gemüsesuppe –, serviert mit einem gebratenen Ei. Das Gemüse bei der Vorbereitung am besten in separaten Schüsseln beiseite stellen, sodass man es beim Kochen nacheinander hinzugeben kann.**

1 In einer großen Pfanne die Paprikaschoten und die Zwiebel in etwa 2 Esslöffeln Olivenöl weich braten. Die Auberginenwürfel hinzugeben und 5 Minuten mitbraten. Die Zucchiniwürfel untermischen und alles weitere 3 Minuten braten. Bei Bedarf weiteres Öl hinzufügen.

2 Die Tomaten einrühren, die Hitze reduzieren und das Gemüse 20 Minuten köcheln lassen. 5 Minuten vor Ende der Garzeit mit Salz und Pfeffer würzen.

3 Die Wachteleier in etwas Olivenöl zügig braten.

4 Zum Servieren großzügige Portionen Ratatouille auf einzelne Teller schöpfen und jeweils 1 gebratenes Wachtelei darauf setzen.

Ergibt 4 Tapas

Enrique Becerra
Diego Ruiz

Enrique Becerra, Sevilla

Diese lebhafte Tapas-Bar, die sich in einem der erfolgreichsten Restaurants in Sevilla befindet, wurde 1972 von Enrique Becerra eröffnet, einem sevillano, dessen Familie seit fünf Generationen Erfahrungen mit Tapas-Restaurants gesammelt hat. Die Tapas-Speisekarte wechselt hier täglich, dank der guten Zusammenarbeit zwischen Enrique und seinem Küchenchef Diego Ruiz. Der in Madrid geborene und ausgebildete Diego begann mit 15 Jahren in Restaurants zu arbeiten; er blieb in der spanischen Hauptstadt, bis er vor drei Jahren die Leitung der Küche des Enrique Becerra übernahm. „Die Grundprodukte, etwa Gemüse, Kichererbsen, Linsen und chorizo, *sind hier einfach exzellent", erklärt er. „Im Norden bevorzugt man ausgefallenere Produkte wie Baby-Aal, Kaviar oder Räucherlachs, aber gerade mit einfachen Zutaten von guter Qualität kann man fantastische Speisen kreieren."*

Diego hat auch eine klare Vorstellung von seiner Arbeit: „Ich muss viele Stunden arbeiten und mit absolutem Engagement, aber das Kochen hat auch mit Inspiration zu tun – wie jede Kunstform. Das Wichtigste ist jedoch, dass die eigene Arbeit Spaß macht." Setzen wir uns also auf einen Barhocker, bestellen einen manzanilla, *knabbern fleischige Oliven, und schon bald werden wir ein paar Melodien aus* Carmen *summen.*

Spargel-Garnelen-Flan

Pudin de espárragos verdes y gambas

½ mittelgroße Zwiebel, fein gehackt
Olivenöl
100 g Garnelen, geschält und gehackt
100 g grüner Spargel, in kleine Stücke geschnitten
50 ml trockener Sherry
225 ml Sahne
3 Eier, verquirlt
Salz
Frisch gemahlener weißer Pfeffer
Mayonnaise zum Servieren

Das spanische Wort *pudin*, abgeleitet von „Pudding", ist die Bezeichnung für eine pikante Tapa, die an französische Mousse erinnert. Diese Variante hat eine angenehm grobe Konsistenz und einen feinen Geschmack.

1 Einen Tag vor dem Servieren die Zwiebel in einer Pfanne in etwas Olivenöl weich schwitzen.

2 Die Garnelen, den Spargel und den Sherry hinzufügen und bei schwacher Hitze dünsten, bis die Flüssigkeit fast vollständig eingekocht ist.

3 Die Sahne, die Eier sowie etwas Salz und Pfeffer dazugeben und alles gut vermischen.

4 In einzelne Förmchen füllen, ins heiße Wasserbad stellen und im vorgeheizten Ofen bei 180 °C (Umluft 160 °C) 35 Minuten backen. Aus dem Ofen nehmen, abkühlen lassen und für 12 Stunden kalt stellen.

5 Kurz vor dem Servieren die Flans auf einzelne Teller stürzen und jeweils mit einem Klecks Mayonnaise garnieren.

Ergibt 4 Tapas

Lammfleischbällchen mit Minze

Albóndigas de cordero à la hierbabuena

500 g Lammgehacktes
Salz
Frisch gemahlener schwarzer Pfeffer
3 Knoblauchzehen, sehr fein gehackt
3 EL gehackte frische Minze
2 kleine Eier, verquirlt
4 EL weiche Brotkrume
100 ml trockener Sherry
1 EL Olivenöl zum Braten

Für die Sauce
2 Zwiebeln, fein gehackt
1 Knoblauchzehe, fein gehackt
1 EL Olivenöl zum Braten
225 ml passierte Tomaten
1 EL trockener Sherry

In Spanien gibt es zahllose Varianten von Fleischbällchen, doch diese sind vielleicht die schmackhaftesten.

1 Die Zutaten für die Fleischbällchen mit Ausnahme des Olivenöls in einer großen Schüssel gut vermischen und aus dem Fleischteig Bällchen von etwa 2,5 Zentimeter Durchmesser formen. In einer Pfanne in dem heißen Öl goldbraun anbraten. Auf Küchenpapier abtropfen lassen und beiseite stellen.

2 In derselben Pfanne die Zwiebeln und den Knoblauch für die Sauce in dem Olivenöl weich schwitzen. Die passierten Tomaten und den Sherry hinzufügen und 10 Minuten köcheln lassen. Vom Herd nehmen.

3 Die Sauce im Mixer pürieren. Ist sie zu dick, etwas Wasser hinzufügen. Die Sauce zurück in die Pfanne gießen und die Fleischbällchen hineingeben. Aufkochen und bei mittlerer Hitze 10 Minuten garen. Heiß servieren.

Ergibt 6 Tapas

Linseneintopf mit Wursteinlage

Lentejas estofadas

225 grüne oder braune Linsen, über Nacht in Wasser eingeweicht
75 ml natives Olivenöl extra
1½ TL spanisches Paprikapulver
1 kleine grüne Paprikaschote, von Stielansatz, Samen und Scheidewänden befreit, gewürfelt
1 kleine Zwiebel, gewürfelt
1 kleine reife Tomate, enthäutet, vom Stielansatz befreit und gewürfelt
1 getrocknetes Lorbeerblatt
3 Knoblauchzehen
100 g chorizo oder eine andere würzige Räucherwurst, in Scheiben geschnitten
100 g Blutwurst, in Scheiben geschnitten
1 kleine Möhre, geschält und in Scheiben geschnitten
200 g Kartoffeln, geschält und gewürfelt

Eine gute Mischung deftiger Aromen zeichnet diese Tapa aus, die Diego nach seinem Geschmack zusammengestellt hat.

1 Sämtliche Zutaten mit Ausnahme der Kartoffeln in einen Topf mit schwerem Boden füllen. Mit kaltem Wasser bedecken und zum Kochen bringen. Die Hitze reduzieren und den Eintopf etwa 20 Minuten köcheln lassen.

2 Die Kartoffeln hinzugeben und alles weitere 20 Minuten köcheln lassen, bis die Kartoffeln und die Linsen gar sind. Heiß in Steingutschalen oder kleinen Suppenschüsseln anrichten und sofort servieren.

Ergibt 4 Tapas

Saca de
Verano
1999
BARBADILLO

Empfohlene Tapas-Bars

* In diesem Buch vorgestellte Bars

Das Baskenland

Aloña Berri Bar, Calle Bermingham 24, Gros, San Sebastián, Tel: 943 290818
Eine von San Sebastiáns außergewöhnlichsten Tapas-Bars; zu den kleinen Gerichten gehören auch die heiße foie gras *mit Feigen sowie Krabben oder Langusten.*

Casa Bartolo, Calle Fermín Calbetón 38, San Sebastián, Tel: 943 421743
Klassiker der baskischen Küche werden in Tapa-Portionen an der Bar serviert. Bacalao pil-pil *(Klippfisch mit Olivenöl und Knoblauch),* Bacalao a la vizcaina *(Klippfisch in Tomaten-Zwiebel-Sauce) und* Bacalao encebollado *(Klippfisch mit Zwiebeln) sind am beliebtesten.*

*** Baserri, Calle San Nicolas 32, 31001 Pamplona, Tel: 948 222021 www.restaurantebaserri.com**
In einer Straße mit einer Tapas-Bar neben der anderen sowie einem Bacalao*-Geschäft ist dies die Top-Adresse für bestes Essen.*

*** Bar Bergara, Calle General Artetxe 8, Gros, San Sebastián, Tel: 943 275026**
Pintxos*-Liebhaber strömen zu diesem preisgekrönten Tempel der Delikatessen in San Sebastiáns Art-déco-Viertel. Ob warm oder kalt, jedes Gericht ist ein Kunstwerk.*

*** La Cuchara de San Telmo, Calle 31 de Agosto 28, San Sebastián, Tel: 943 420840**
Wer es schafft, sich einen Weg in die Bar zu bahnen, kann in fantasievollen Miniaturgerichten für Feinschmecker schwelgen. Draußen auf der Terrasse entspannt man im Schatten der alten Kirche von San Telmo.

Bar Fitero, Calle Estafeta 58, Pamplona, Tel: 948 222006
In der dritten Generation bemüht man sich hier um Tapas-Qualität: von Roquefort-Crêpes bis Spinatkroketten.

Ganbara, Calle San Jeronimo 21, San Sebastián, Tel: 943 422575
Ein Fest für die Augen und die gastronomische Fantasie: Dies ist eine der beliebtesten Pintxos*-Bars im alten Viertel.*

Kursaal, Avenida de la Zurriola 1, Gros, San Sebastián, Tel: 943 003162
In der Cafeteria mit Blick aufs Meer in Rafael Moneos wahrhaft großartigem Kursaal werden ausgefallene Tapas serviert.

*** Bar Txepetxa, Calle Pescadería 5, San Sebastián, Tel: 943 422227**
Seit über einem Jahrzehnt gewinnt Manuels Familienunternehmen Pintxos*-Preise. Kaum zu schlagen sind die marinierten Sardellen.*

Katalonien

Casa Alfonso, Roger de Lluria 6, Barcelona, Tel: 93 301 9783
Das Barcelona der 1930er am Rande von Eixample: Hier werden beste Fleisch-Tapas und reichhaltige tortillas *serviert.*

*** Cal Pep, Plaça de les Olles 8, Barcelona, Tel: 93 310 7961**
Ein Meilenstein. Exquisite Tapas mit Meeresfrüchten stehen auf der Speisekarte.

Can Paixano, Carrer Reina Cristina 7, Barcelona, Tel: 93 310 0839
Versteckt in einer von vielen Hafenstraßen, lockt eine von Barcelonas stimmungsvollsten Bars viele Hafenarbeiter an.

*** Comerç24, Carrer Comerç 24, Barcelona, Tel: 93 319 2102**
Die ultimative Designer-Bar für die ultimativen Designer-Tapas von Carlos Abellan.

Convent dels Angels, Plaça dels Angels 5–6, Barcelona, Tel: 93 329 0019
Der Designer-Chic Barcelonas hat dieses alte Kloster gegenüber vom Modern Art Museum komplett verwandelt, passend zu Paco Guzmans internationaler Küche.

*** Bar Pinotxo, Mercat de la Boquería, Stände 466–470, Rambla St. Josep, Barcelona, Tel: 93 317 1731**
Die bodenständigen katalanischen Tapas und raciones *von Pinotxo sind unschlagbar, denn die Zutaten kommen direkt von den benachbarten Marktständen.*

*** Santa María, Carrer Comerç 17, Barcelona, Tel: 93 315 1227**
Paco Guzman kreiert ständig neue fantasievolle Tapas aus Bioprodukten.

Bar Tomas, Carrer Major de Sarria 49, Barcelona, Tel: 93 203 1077
Hier gibt es Barcelonas beste Patatas bravas*.*

Vascelum, Plaça Santa María 4, Barcelona, Tel: 93 319 0167
Während man auf der Terrasse vor der Kirche Santa María sitzt, genießt man eine ración *Hähnchenkeule mit Garnelen.*

Rioja und Altkastilien

Restaurante El Candil, Ventura Ruiz Aguilera 14–16, Salamanca, Tel: 923 217239 www.helcom.es/elcandil
Ein gastronomisches Monument in der Nähe der Plaza Mayor mit einer winzigen Tapas-Bar, wo kleine Snacks mit hervorragenden Weinen heruntergespült werden.

*** José María, Cronista Lecea 11, Segovia, Tel: 921 466017**
Von Spanferkeln bis zu komplizierten Tapas bekommt man alles in Kastiliens Mekka für Feinschmecker.

*** Momo, Calle San Pablo 13–15, Salamanca, Tel: 923 280798**
Kastiliens modernste Tapas-Bar befindet sich ausgerechnet in dieser Renaissancestadt.

La Mortaraza, Calle José Jauregui 9, Salamanca, Tel: 923 260021
Eine etablierte Adresse für Fleischgerichte der Region – an der Bar wie im Restaurant. Empfehlenswert sind: morcilla *(Blutwurst), Ochsenschwanz, Zunge und geschmortes Rebhuhn.*

*** Casa Pali, Calle Laurel 11, Logroño, Tel: 941 256795**
Eine von zahllosen Tapas-Bars in Logroño – und eine der besten.

Bar Sebas, Calle Albornoz 3, Logroño, Tel: 941 220196
Gefüllte Paprikaschoten und tortilla de patatas *(Kartoffelomelett) sind die Spezialitäten dieser beliebten Bar.*

La Tasquina, Calle Valdelaguila 3, Segovia, Tel: 921 461954
Hervorragende Weine, einschließlich cavas*, bestimmen die Speisekarte; dazu gibt es Käse-, Schinken- und Wurstplatten.*

Madrid

*** Albur, Calle Manuela Malasaña 15, Madrid, Tel: 91 594 2733**
Bioprodukte aus ganz Spanien werden in dieser zwanglosen Tapas-Bar mit Restaurant zu Gerichten der post-nueva cocina *verarbeitet.*

Taberna de Antonio Sánchez, Calle Mesón de Paredes 13, Madrid, Tel: 91 539 7826

Die älteste und beeindruckendste Taverne der Hauptstadt hat sich seit 1830 kaum verändert, ebenso wenig wie die Schnecken-Tapas.

* Bocaito, Calle Libertad 6,
Madrid, Tel: 91 532 1219
Hier gibt es eine große Auswahl an besten spanischen Produkten. Versuchen sollte man einige tostadas *(Kanapees) mit* gambas *(Garnelen),* angulas *(Baby-Aalen) oder geräucherter Krabbenpastete.*

Chipén, Calle Cardenal Cisneros 39,
Madrid, Tel: 91 445 4385
Eine Bar mit zahllosen klassischen Tapas, von Kraken bis Froschschenkeln, von gebratenem Thunfisch bis zu Blutwurst aus Burgos.

Taberna de Dolores, Plaza de Jesus 4,
Madrid, Tel: 91 429 2243
Exzellente Tapas aus besten spanischen Produkten, von Fischen und Meeresfrüchten bis zu Fleisch und Schinken.

Los Gatos, Calle Jesus 2,
Madrid, Tel: 91 429 3067
Hier findet man Madrids Nachteulen, die bodenständige Tapas in einem exzentrischen Umfeld aus zusammengewürfeltem Kitsch der 1970er verzehren.

* José Luis, Calle Serrano 89,
Madrid, Tel: 91 563 0958
Diese herausragende Tapas- und Pintxos*-Bar ist seit langem etabliert.*

Casa Labra, Calle Tetuan 12,
Madrid, Tel: 91 531 0081
Besteht bereits seit 140 Jahren, doch die vielen Jahre haben die Qualität des beliebten bacalao *im Teigmantel oder der* croquetas *nicht beeinträchtigt.*

Lhardy, Carrera de San Jeronimo 8,
Madrid, Tel: 91 532 4200
Die Eleganz des 19. Jahrhunderts bestimmt dieses hoch geschätzte Madrider Restaurant. Zur Stärkung wird immer noch caldo *serviert, begleitet von kleinen Teigspezialitäten.*

* Casa Matute, Plaza de Matute 5,
Madrid, Tel: 91 429 4384
Solange man sich nach einem von Joaquín Campos 10 Tapa-Geboten richtet, wird man nicht enttäuscht. Hier trifft Andalusien auf Madrid.

Die Levante

Tabernas A Fuego Lento, Calle Caballeros 47,
Plaza del Esparto, Valencia, Tel: 96 392 1827
In diesem modernen Tapas-Restaurant werden Platten mit köstlichen Produkten in intimer Atmosphäre serviert.

* Gambrinus, Plaza de la Reina 19,
Valencia, Tel: 96 392 3191
Hier fließt reichlich Bier zu riesigen Tapa-Portionen mit angelsächsischem Einfluss.

* Bodeguilla del Gato, Calle Catalans 10
(Plaza Negrito), Valencia, Tel: 96 391 8235
Herzhafte Tapas und raciones *mit baskischer Note in Valencias Zentrum des Nachtlebens.*

* Mesón de Labradores, Calle Labradores 19,
Alicante, Tel: 96 520 4846
Die angesagte Adresse in den Seitenstraßen von Alicante für herzhafte Tapas.

* Bodega Montaña, Calle José Benlliure 69,
El Cabanyal, Valencia, Tel: 96 367 2314
Gleichzeitig Bar und Bodega und in der Levante sehr geschätzt.

Nou Manolin, Calle Villegas 3,
Alicante, Tel: 96 520 0368
In dieser eleganten Bar steht man Schlange, um die herrlichen Tapas und Salate mit frischen Meeresfrüchten verschlingen zu können.

Mesón Pepe Juan, Calle Portalet 1,
Calpe, Tel: 96 583 2988
Kalmar, Hühnerleber, gefüllte Auberginen und tortilla *gehören zu den verführerischen Tapas.*

Bar Pilar, Moro Zeit 13,
Valencia, Tel: 96 391 0497
Ein Klassiker aus dem frühen 20. Jahrhundert mit den berühmten clochinas *(Miesmuscheln) aus Valencia.*

* Santa Companya, Calle Roteros 21,
Valencia, Tel: 96 392 2259
Michele Gallana hat den seit langem bestehenden italienischen Einfluss auf Valencia in dieser scharfen Tapas-Bar im alten Viertel neu belebt.

Bar Serranos, Calle Blanquerías 5,
Valencia, Tel: 96 391 7061
Eine beliebte, unprätentiöse Bar mit guten Fischgerichten.

Tasca Angel, Calle Purisima 1,
Valencia, Tel: 96 391 7835
Für etwas anderes als Tapas mit Meeresfrüchten und Schnecken gibt es nur wenig Platz.

Andalusien

* Bodegas Campos, Calle Lineros 32,
Córdoba, Tel: 957 497500
www.bodegascampos.com
Zum Glück besitzt dieses labyrinthische Restaurant am Eingang eine Taverne für gewöhnliche Sterbliche, die hier Tapas-Portionen der epikureischen Genüsse probieren können.

* Casablanca, Calle Zaragoza 50,
Sevilla, Tel: 95 422 4698
Die vielleicht beste Tapas-Bar Sevillas - dank Manuel Zamoras gastronomischer Energie.

* Enrique Becerra, Calle Gamazo 2,
Sevilla, Tel: 95 421 3049
Eines von Sevillas hoch bewerteten Restaurants zieht auch wahre Horden von Tapas-Enthusiasten an.

* La Eslava, Calle Eslava 5,
Sevilla, Tel: 95 490 6568
Das innovative und qualitätsbewusste La Eslava gehört zu Sevillas bestgehüteten Geheimnissen.

* Bar Europa, Calle Siete Revueltas 35
(Plaza del Pan), Sevilla, Tel: 95 422 1354
Die oft sehr katalanischen Tapas werden in dieser eleganten Bar mit perlendem cava *heruntergespült.*

* La Giralda, Calle Mateos Gago 1,
Sevilla, Tel: 95 422 7435
Geflieste, gewölbte elegante Räume sorgen für die typisch maurische Atmosphäre, in der man hier die Tapas verzehrt.

Habanilla Café, Alameda de Hércules 63,
Sevilla, Tel: 95 490 2718
Sevillas Jugend drängt sich jede Nacht in diese viel besuchte Tapas-Bar.

Casa Morales, Calle García de Vinuesa 11,
Sevilla, Tel: 95 422 1242
Riesige Steingutkrüge voll Olivenöl bilden den Hintergrund in dieser traditionellen Tapas-Bar, die sich seit 1850 kaum verändert hat. Die Tapas sind einfach, aber hervorragend.

Casa Ricardo, Calle Hernán Cortés 2,
Sevilla, Tel: 95 438 9751
Bilder von der Jungfrau Maria hängen an den 100 Jahre alten Wänden - eine fromme Atmosphäre für bacalao, jamón, *Fleischbällchen und* croquetas.

Casa Robles, Calle Alvarez Quintero 58,
Sevilla, Tel: 95 421 3150
Eine Institution für Feinschmecker und ein Familienbetrieb, der die schnelle Versorgung mit besten Tapas garantiert.

Sol y Sombra, Calle Castilla 149,
Triana, Sevilla, Tel: 95 433 3935
Fleischgerichte sind die Spezialität des Tages in dieser stimmungsvollen Stierkämpferbar, die so wirkt, als handle es sich um eine Filmkulisse.

Glossar

Bei der Auswahl der Rezepte unserer bevorzugten Tapas-Chefs in Spanien entschied ich mich für jene, deren Zutaten auch außerhalb Spaniens leicht erhältlich sind. Doch selbst diese Zutaten müssen manchmal genauer erklärt werden – ebenso wie einige Tapas-Ausdrücke. Dieses Glossar soll dabei helfen.

aceite de oliva Eine Mischung aus raffinierten und nativen Ölen mit weniger Aroma als natives Olivenöl. Grundsätzlich zum Braten.
aceite de oliva virgen Natives Olivenöl mit einem Säuregehalt von bis zu vier Prozent, sehr mild.
aceite de oliva virgen extra (primera presión) Natives Olivenöl extra (erste Kaltpressung) mit einem Säuregehalt unter einem Prozent und einem ausgeprägten Aroma. Ideal für Dressings und zum Beträufeln.
alioli Ähnlich wie Mayonnaise, doch theoretisch ohne Eigelb, wird die katalanische Sauce aus Knoblauch, Salz, Öl und Zitronensaft (nach Belieben) bereitet. Gelingt ohne Eigelb nur schwer.
anchoas Frische Sardellen (Anchovis), auch Sardellenfilets in Salz oder Öl.
bacalao Der spanische Name bezieht sich sowohl auf frischen Kabeljau als auch (viel häufiger) auf Klippfisch. Letzterer ist eine unverzichtbare Zutat im ganzen Land und wird je nach Herkunft in unterschiedlicher Qualität angeboten.
boquerones In Weinessig eingelegte Sardellen.
butifarra Mild gewürzte katalanische Schweinswürste, von heller oder dunkler Farbe, manchmal mit Brotkrume und von feinerer Textur als *morcilla*.
cecina Getrocknetes Rindfleisch, typisch für León in Altkastilien, wo es eingesalzen, geräuchert und getrocknet wird. Ursprünglich aus Pferdefleisch, wird in sehr dünnen Scheiben serviert.
chorizo Pikante Wurst, mit Paprikapulver, Salz, Pfeffer und Knoblauch gewürzt. Man bekommt sie frisch, geräuchert oder getrocknet; die beste *chorizo* besteht aus 95 Prozent Schweinefleisch.
embutidos Übergeordnet für Wurstspezialitäten, geräuchert, gegart oder frisch.
escabeche Lake oder Marinade zum Einlegen, meist aus Öl, Essig, Pfefferkörnern, Lorbeerblatt und/oder anderen Gewürzen.
guindilla Chilischote, ein Produkt aus der Neuen Welt, spielt in der spanischen Küche eine wichtige Rolle. Größere sind oft milder als kleinere Chilis, und getrocknete Sorten können besonders scharf sein. Rote Chilis (ausgereifte Schoten) schmecken süßer.
jamón ibérico Gepökelter und natürlich getrockneter Schinken von iberischen schwarzen Schweinen.
Jamón ibérico de bellota Spaniens bester Schinken, von in Eichenwäldern frei lebenden schwarzen Schweinen, die sich von Eicheln ernähren.
jamón serrano In großen Mengen produzierter gepökelter, getrockneter Schinken; schmeckt immer noch köstlich und wird oft in dicken Stücken für gegarte Gerichte verwendet.
jamón de York Gekochter Schinken.
morcilla Die spanische Variante der Blutwurst (aus Schweineblut), kann Pinienkerne und/oder Reis enthalten. Die beste *morcilla* stammt aus Burgos in Altkastilien.
Pedro Ximénez Ein sehr süßer Sherry, wird oft zum Kochen verwendet.
pil-pil Eine Sauce aus Knoblauch und Olivenöl, die manchmal mit Petersilie grün gefärbt wird *(salsa verde)*.
pimentón (Paprikapulver) In Spanien gibt es zwei Sorten: *pimentón de la Vera* (aus Extremadura), geräuchertes Paprikapulver, das scharf, edelsüß oder halbsüß sein kann; und einfach *pimentón*, das aus sonnengetrockneten Paprikaschoten in Murcia hergestellte Pulver, ebenfalls scharf und edelsüß.
pimientos del piquillo Kleine rote Paprikaschoten, sehr süß und aromatisch. Meist in Dosen erhältlich, da sie nur in Navarra angebaut werden.
pintxos Kleine Tapas, die in der Art von Kanapees serviert werden; sie stammen ursprünglich aus dem Baskenland.
pisto Aus La Mancha stammt diese dickere iberische Variante von Ratatouille mit gebratenen Paprikaschoten, Zwiebeln, Tomaten, Knoblauch, Zucchini und Auberginen.
raciones Etwas größere Portionen als Tapas.
requesón Ein krümeliger Frischkäse, ähnlich wie italienische Ricotta.
ventresca de atún/bonito Thunfischfleisch von der Bauchseite, das als besonders zart gilt und darum am begehrtesten ist. In Dosen in Spezialgeschäften erhältlich.
vinagre Spanier verwenden nur Wein- oder Sherryessig, meist die rote Variante.

Danksagung

Ich möchte mich bei den Küchenchefs und Barbesitzern bedanken, die in diesem Buch vorgestellt werden. Sie sind so freundlich auf meine Bitten eingegangen, haben mit so viel Wohlwollen mitgearbeitet und meinen Magen wie meine Seele wunderbar verwöhnt. Bei den folgenden Personen und Institutionen möchte ich mich ebenfalls für ihre Hilfe und ihre Ratschläge bedanken: Françoçe Butscher von Turmadrid; José Ferri vom Valencia Region Tourist Board; dem San Sebastián Convention Bureau; María José Sevilla von der spanischen Botschaft in London; Pilar Faro; Mar Mateo; Christopher Branton; Tamsyn Hill; Tim O'Grady; Lorna Scott-Fox und nicht zuletzt unserer Rezept-Übersetzerin Ana Sims, die so manche Schwierigkeit mit Humor meisterte. Ganz besonders möchte ich auch der Fotografin Jan Baldwin danken, die mit ebenso großem Ernst wie Humor gearbeitet hat und auch noch spät in der Nacht ausgesprochen erfolgreich war. Ebenso danke ich der Designerin Vanessa Courtier für ihren ungebrochenen Enthusiasmus und ihre Kreativität. Ich bedanke mich bei der wunderbaren Versuchsköchin Diana Henry, unserer inspirierten Redakteurin Rebecca Spry und bei dem unendlich gelassenen Nicky Collings, der sich so souverän um das Projekt gekümmert hat.

Rezeptregister